教育部人文社会科学研究青年基金项目（批准号：21YJC890002）

成渝地区双城经济圈体育产业协同发展测度与优化策略研究

陈 鸥◎著

人民体育出版社

图书在版编目（CIP）数据

成渝地区双城经济圈体育产业协同发展测度与优化策略研究 / 陈鸥著. -- 北京：人民体育出版社，2024

ISBN 978-7-5009-6403-2

Ⅰ.①成… Ⅱ.①陈… Ⅲ.①体育产业－产业发展－研究－成都、重庆 Ⅳ.①G812.771

中国国家版本馆 CIP 数据核字（2023）第 243830 号

*

人 民 体 育 出 版 社 出 版 发 行
北京明达祥瑞文化传媒有限责任公司印刷
新 华 书 店 经 销

*

710×1000　16 开本　10.75 印张　200 千字
2024 年 10 月第 1 版　2024 年 10 月第 1 次印刷

*

ISBN 978-7-5009-6403-2
定价：65.00 元

社址：北京市东城区体育馆路 8 号（天坛公园东门）
电话：67151482（发行部）　　邮编：100061
传真：67151483　　　　　　　邮购：67118491
网址：www.psphpress.com

（购买本社图书，如遇有缺损页可与邮购部联系）

序 言
FOREWORD

推动成渝地区双城经济圈建设是习近平总书记亲自研究、部署、推动的区域重大战略决策，把成渝地区双城经济圈建成具有全国影响力的重要经济中心、科技创新中心、改革开放新高地、高品质生活宜居地，合力打造区域协作的高水平样板，打造带动全国高质量发展的重要增长极和新的动力源。在新的发展时期，成渝地区双城经济圈经济增长方式要求从以追求规模、粗放发展和过度竞争为主转变为以提高质量为主，需要寻求新动能，加快经济转型。体育产业作为朝阳产业、绿色产业，始终保持持续快速发展态势，其影响已经跨越体育部门的范围。体育产业不仅仅是国民经济的组成部分，更俨然成为新时代经济发展新的增长点，完全有条件为区域经济发展增添新动能、创造新价值，担任起推动成渝地区经济转型升级的重要角色。

目前我国体育产业正积极探索区域协同发展的道路，形成了长三角、粤港澳、京津冀等有代表性的区域，但区域之间存在地理位置、自然禀赋的差异，有形资源的流动性差，但经济活动的逐利性决定了其不受空间界限的桎梏，需要通过市场进行资源的优化配置。如何突破利益固化藩篱，推动区域内体育产业纵向联系和横向联系，形成功能互补、分工合理的区域体育产业格局？这就产生了协同发展的需求。

从成渝经济区到成渝城市群再到成渝地区双城经济圈，成渝地区体育产业总规模持续保持增长，但协同发展方面未取得突出成果，这源于缺乏系统的发展策略和保障机制。随着成渝地区双城经济圈建设的提出，重庆市、四川省体育部门纷纷联动，多次召开体育协同发展相关会议，签署《成渝地区双城经济圈体育产业协作协议》等文件，致力于联动推进体育产业高质量协同发展，但对成渝地区双城经济圈体育产业协同发展基础、协同发展演化阶段、协同程度的测算方法、协同发展的实现路径等问题仍有待探究。鉴于此，本研究以耗散结构理论、协同学理论和增长极理论等为支撑，结合成渝地区双城经济圈体育产业协同发展的现实基础，探讨影响成渝地区双城经济圈体育产业协同发展的关键变量，提出优化成渝地区双城经济圈体育产业协同发展的策略建议。尝试回答以上问题，既丰富了区域体育产业研究的理论与方法，又为后续推动成渝地区双城经济圈体育产业的可持续发展、高质量发展提供了实施步骤。

基于以上思考，结合攻读博士期间的研究方向，作者申报了2021年教育部人文社会科学研究青年基金项目，并有幸获得资助，2022年获得成渝地区双城经济圈与成都都市圈建设研究中心项目资助。本研究首先回顾成渝地区体育产业的发展历程，分析成渝地区体育产业的现实基础和主要困境，提出协同发展是现阶段成渝地区双城经济圈体育产业发展的路径选择；其次，分别从协同演化和协同评价两个角度，讨论成渝地区双城经济圈体育产业协同发展的演化阶段和协同水平的评价测量，定性和定量分析成渝地区双城经济圈体育产业协同发展程度，解释体育产业协同系统如何从无序走向有序；最后，从政府、市场、区域三个层面探讨成渝地区双城经济圈体育产业如何提高协同作用、实现协同效应。

本研究基于博士论文完善、修改而成，成渝地区双城经济圈体育产业协同发展实证测度数据截至2019年，根据持续性的研究，研究成果对现在的研究仍有指导意义，后续会持续关注相关研究。

本研究仍有不足之处，愿求教于同行。

陈 鸥

2023年10月

目 录

1 绪论 ... 1
1.1 研究背景 ... 1
1.1.1 回应国家区域协调发展战略的时代诉求 ... 1
1.1.2 源自成渝地区体育产业发展的内生动力 ... 2
1.1.3 实现成渝地区双城经济圈体育产业高质量发展的需要 ... 3
1.2 研究目的与意义 ... 4
1.2.1 研究目的 ... 4
1.2.2 研究意义 ... 5
1.3 研究对象与范围界定 ... 8
1.3.1 研究对象 ... 8
1.3.2 研究范围界定 ... 8
1.4 研究思路与方法 ... 9
1.4.1 研究思路 ... 9
1.4.2 研究方法 ... 11
1.5 研究创新点 ... 14

2 文献综述与理论基础 ... 15
2.1 区域经济协同发展的相关文献 ... 15
2.2 区域体育产业协同发展的知识图谱 ... 18
2.2.1 研究趋势特征 ... 18
2.2.2 关键词共现网络分析 ... 21
2.2.3 核心作者分析 ... 25
2.2.4 科研机构分析 ... 26
2.3 区域体育产业协同发展的相关文献 ... 28
2.3.1 涉及长三角地区的相关文献 ... 28
2.3.2 涉及京津冀地区的相关文献 ... 30
2.3.3 涉及粤港澳大湾区的相关文献 ... 31

2.3.4 涉及中三角地区的相关文献 ... 32
2.3.5 涉及成渝地区的相关文献 ... 33
2.3.6 研究评述 ... 35
2.4 研究的理论基础 ... 36
2.4.1 耗散结构理论 ... 36
2.4.2 协同学理论 ... 37
2.4.3 增长极理论 ... 37
2.4.4 机制设计理论 ... 38
2.4.5 理论分析框架 ... 39

3 成渝地区体育产业基础与困境 ... 42
3.1 成渝地区体育产业的发展历程 ... 42
3.1.1 成渝分治时期（1997—2010年） ... 42
3.1.2 成渝经济区时期（2011—2015年） ... 43
3.1.3 成渝城市群时期（2016—2019年） ... 45
3.1.4 成渝地区双城经济圈时期（2020年至今） ... 46
3.2 成渝地区体育产业的现实基础 ... 50
3.2.1 成渝地区体育产业规模 ... 50
3.2.2 成渝地区体育产业布局 ... 53
3.2.3 成渝地区体育产业结构 ... 55
3.2.4 成渝地区体育产业的外部环境 ... 59
3.3 成渝地区体育产业的主要困境 ... 60
3.3.1 产业规模缺乏层次 ... 60
3.3.2 产业布局与结构同质化发展 ... 60
3.3.3 创新驱动能力不足 ... 61
3.3.4 发展环境有待优化 ... 61
小结 ... 62

4 成渝地区双城经济圈体育产业协同发展的内涵、区域特征与演化阶段 ... 63
4.1 成渝地区双城经济圈体育产业协同发展的内涵 ... 63
4.1.1 概念界定 ... 63
4.1.2 确立依据 ... 64
4.1.3 作用过程 ... 66
4.2 成渝地区双城经济圈体育产业协同发展的区域特征 ... 67

   4.2.1 全国区域差距阶梯分布 ·· 67
   4.2.2 代表性区域各具特色 ·· 70
   4.2.3 成渝地区双核独大、中部塌陷、两翼不振 ······························ 74
  4.3 成渝地区双城经济圈体育产业协同发展的演化阶段 ······················ 76
   4.3.1 空间形态 ··· 78
   4.3.2 协同内容与机制 ··· 80
   4.3.3 协同发展阶段 ··· 83
  小结 ··· 84

5 成渝地区双城经济圈体育产业协同发展评价 ··································· 85

  5.1 成渝地区双城经济圈体育产业协同发展协同度评价模型 ················ 85
   5.1.1 协同度评价模型述评 ·· 85
   5.1.2 复合系统构建 ··· 88
   5.1.3 子系统有序度 ··· 89
   5.1.4 复合系统协同度 ··· 91
  5.2 成渝地区双城经济圈体育产业协同发展评价指标体系 ···················· 92
   5.2.1 体育产业协同发展的作用机制 ······································· 92
   5.2.2 评价指标建立 ··· 92
   5.2.3 指标权重赋值 ··· 97
  5.3 成渝地区双城经济圈体育产业协同发展的实证测度 ······················ 99
   5.3.1 数据来源与处理 ··· 99
   5.3.2 成渝地区双城经济圈体育产业子系统有序度 ······················ 100
   5.3.3 成渝地区双城经济圈体育产业复合系统协同度 ··················· 104
  5.4 成渝地区双城经济圈体育产业协同发展的影响因素 ······················ 105
   5.4.1 变量选取与模型建立 ·· 105
   5.4.2 数据来源与描述性统计 ··· 109
   5.4.3 实证结果分析 ··· 110
  小结 ··· 114

6 成渝地区双城经济圈体育产业协同发展优化策略 ······························ 115

  6.1 政府：机制保障与政策措施 ··· 115
   6.1.1 体育产业协同发展的机制保障 ······································· 116
   6.1.2 体育产业协同发展的政策措施 ······································· 119
  6.2 市场：供需发力与创新驱动 ··· 121

  6.2.1 加大投入、提升效益，优化市场供给 ························ 121
  6.2.2 深挖潜力、多元刺激，扩大消费需求 ························ 124
  6.2.3 营造环境、培养人才，激发创新活力 ························ 125
 6.3 区域：双核引领与模式选择 ······································· 126
  6.3.1 重庆与成都双核引领的角色作用 ····························· 127
  6.3.2 经济圈各地的协同模式选择 ································· 132
 小结 ··· 141

7 研究结论、局限与展望 ·· 142
 7.1 研究结论 ··· 142
 7.2 研究局限与未来展望 ·· 144

参考文献 ··· 145

附录 相关研究成果 ··· 148

1 绪 论

本部分主要介绍研究背景，阐述研究目的与意义，界定研究对象与范围，根据理论基础、定性分析、定量测度、实证检验、现实指导的研究脉络计划结构层次与内容安排，最后介绍研究方法并提出研究创新点。

1.1 研究背景

1.1.1 回应国家区域协调发展战略的时代诉求

党的十八大以来，党中央提出了京津冀协同发展、长江经济带发展、共建"一带一路"、粤港澳大湾区建设、长三角一体化发展等区域发展战略，《中共中央 国务院关于建立更加有效的区域协调发展新机制的意见》《中共中央 国务院关于新时代推进西部大开发形成新格局的指导意见》《京津冀协同发展规划纲要》《长江经济带发展规划纲要》《长江三角洲区域一体化发展规划纲要》《粤港澳大湾区发展规划纲要》等一系列文件陆续出台。党的二十大报告对区域协调发展做出了更加长远、更加系统的战略部署，进一步强调要促进区域协调发展，深入实施区域协调发展战略、区域重大战略、主体功能区战略、新型城镇化战略，优化重大生产力布局，构建优势互补、高质量发展的区域经济布局和国土空间体系。这为今后一个时期推动更高质量的区域协调发展指明了方向，是从区域层面为实现国家经济和社会发展目标提出的实施路径。2020年1月3日，中央财经委员会第六次会议提出推动成渝地区双城经济圈建设，在西部形成高质量发展的重要增长极，打造内陆开放战略高地，使成渝地区成为具有全国影响力的重要经济中心、科技创新中心、改革开放新高地、高品质生活宜居地，助推高质量发展。

区域战略成为进一步推动中国区域经济发展的支撑点和着力点[1]，伴随着中华人民共和国成立以来的不同历史阶段，区域战略和区域经济的发展也经历了从计

---

[1] 刘秉镰，边杨，周密，等. 中国区域经济发展70年回顾及未来展望[J]. 中国工业经济，2019（9）：24-41.

划生产到市场开放再到深化改革的演变。在计划经济时代，区域战略为优先发展重工业；引进市场经济时代提出培育区域增长极、区域扩大开放和协调发展；现代化经济体系制度下转向区域高质量发展。由于受计划经济思维的影响，国家对经济的高强度控制统治模式一直存在[1]，政府和市场的关系尚未完全理顺，区域政府间存在复杂的利益博弈，导致资源错配，产生空间成本。区域经济的发展是要素在空间层面的增长、流动与配置过程。目前我国的区域经济发展呈现出诸多问题：区域经济的空间增长动力不足，传统增长方式难以持续；区域经济格局分化加大，南北区域差距显现；地方保护与市场分割问题突出，空间要素流动受限；资源承载力不足，资源环境的约束矛盾日益加剧；区域开放程度差异较大，区域开放布局与开放质量亟待提升等。

据国家统计局发布，2022年全国体育产业总规模（总产出）为33008亿元，增加值为13092亿元，体育产业增加值占国内生产总值（Gross Domestic Product，GDP）的比重为1.09%，体育服务业拓展提升，体育制造业实力增强，体育贸易业繁荣活跃[2]。近年来，随着《关于加快发展体育产业促进体育消费的若干意见》等一系列文件的出台，体育产业作为朝阳产业、绿色产业，消费市场活跃，产业蓬勃发展，在满足人民健康幸福生活需要、推动经济社会发展方面发挥着重要作用。

1.1.2 源自成渝地区体育产业发展的内生动力

在区域协调发展战略背景下，我国体育产业积极探索区域协同发展的道路，产业规模持续增长[3]，产业质量不断提升[4]，产业实现转型升级[5]，在合作机制、体育产业基地布局、赛事协同发展、体育场馆协同运营等方面稳步推进[6]，体育产业在应对经济增长下行风险、推动区域经济平衡发展方面发挥着积极作用。但也存

---

[1] 蔡昉. 中国经济改革效应分析——劳动力重新配置的视角[J]. 经济研究，2017，52（7）：4-17.
[2] 国家体育总局，国家统计局. 2022年全国体育产业总规模与增加值数据公告[EB/OL]. （2023-12-29）[2024-4-15]. https://www.sport.gov.cn/n315/n20001395/c27260758/content.html.
[3] 李军基，郑会娟，刘志欣. 京津冀体育产业协同发展研究[J]. 当代体育科技，2018，8（2）：158-159.
[4] 徐开娟，黄海燕. 长三角地区体育产业发展态势、经验与建议[J]. 中国体育科技，2019，55（7）：45-55.
[5] 李艳荣，张长念. 区域协同发展战略下京津冀体育产业一体化发展研究[J]. 广州体育学院学报，2019，39（1）：40-44.
[6] 钟华梅，王兆红. 京津冀体育产业协同发展策略研究[J]. 哈尔滨体育学院学报，2019，37（5）：43-49.

在以下问题：区域缺乏统一规划，区域间发展不平衡[1]，产业深层次协作不足[2]，产业政策存在地域壁垒，区域产业结构仍需升级，产业布局出现区域同质化竞争，生产要素流通不畅，体育市场发育不足。

区域体育产业的发展一方面来自国家政策的大力推动，另一方面来自区域发展的内生动力。任何区域都面临地理位置和自然资源的差异导致各地区的有形资产流动性差；同时，部分地方政府官员在考核中过度关注个人的政治晋升和政治利益[3]，表现出强烈的增长竞争冲动，在短期利益的驱动下，为了将经济增长更多地留在本地，继而获得"脱颖而出"的政治收益，不惜以邻为壑。经济活动的逐利性决定了它不受空间界限的桎梏，需要广阔的空间范围来克服资源的稀缺，进行要素的流动，通过市场进行资源的优化配置。这反映出区域利益冲突的客观必然性和区域矛盾化解的可能性。

根据自组织理论（Self-organizing Theory），在没有外部指令条件下，系统内部各子系统之间能自行按照某种规则形成一定的结构或功能，系统从混沌无序的初态向稳定有序的终态演化。如何突破利益固化藩篱，推动区域内体育产业空间结构、产业结构优化，加强体育产业纵向和横向之间的联系，形成功能互补、分工合理的区域产业网络化发展格局，区域体育产业组织内部生存发展产生协同的需求。协同的内容不仅涵盖了区域体育经济的治理，还包括区域内省市地区间的投资、产业分工和资源配置等多方面的合作，通过形成相互依存、互利互惠的关系，实现区域体育产业的高质量发展。协同发展是解决成渝地区体育产业发展问题的重要途径，这源自区域体育产业发展的内生动力。

1.1.3 实现成渝地区双城经济圈体育产业高质量发展的需要

2012年以来，我国体育产业增加值平均增速15.4%，体育产业对区域经济增长起到了一定的助推作用，呈现出东部地区和中部地区高于西部地区的情况。从体育产业的增加值来看，自东向西依次递减，但中部地区和西部地区体育产业的增速相对更快。从全国范围来看，区域体育产业发展呈阶梯差距分布，这意味着

---

[1] 张贵敏，王艳. 我国区域体育产业的基本定位——基于区域体育产业协调发展的视角[J]. 沈阳体育学院学报，2011，30（3）：3-7.
[2] 肖婧莹，周良君. 粤港澳大湾区体育产业协同发展：困境与出路[J]. 中国体育科技，2019，55（12）：5-11.
[3] 周黎安. 晋升博弈中政府官员的激励与合作——兼论我国地方保护主义和重复建设问题长期存在的原因[J]. 经济研究，2004（6）：33-40.

先行发展的区域有着示范借鉴作用。在我国区域体育产业发展的实践中已形成长三角、粤港澳、京津冀等有代表性的区域，其中长三角地区一直走在全国发展前列。这一方面是因为长三角地区拥有良好的经济基础，另一方面是因为长三角地区自2012年就建立了体育产业发展联席会议制度，后来发展为长三角地区体育产业协作会，并制定了相应的协同发展规划，这推动了长三角地区的体育产业走向一体化发展。

成渝地区作为长江上游的城市群，它是深入我国腹地的一个经济板块，是内陆开放的典型代表。从成渝经济区到成渝城市群的体育产业发展一直缺乏完善的保障政策和制度，虽然近年来成渝地区体育产业的增速相对较快，但在协同发展方面未取得突出成果。成渝地区双城经济圈建设的提出，把成渝地区推到合作共赢的新起点。2020年4月，重庆市体育局与四川省体育局签署了《川渝地区体育公共服务融合发展框架协议》，两地在体育公共服务、体育赛事、体育设施、体育旅游、体育人才等方面加强了合作。

区域发展政策和机制等是区域战略的保障体系。从《国务院关于加快发展体育产业促进体育消费的若干意见》《"健康中国2030"规划纲要》到《体育强国建设纲要》，再到各省市制定的各项促进体育产业发展的文件、实施意见，体育产业领域的资本市场却经历了从"风口"到疲态，体育赛事的投资回报率偏低，体育产业结构仍然没有摆脱原有的格局，以体育部门为中心的体育产业发展思维模式仍是主导[1]。目前成渝两地体育部门通过成立工作领导小组，建立联席会议制度，拉开了双城经济圈体育领域合作的序幕，从政府层面开始共同研究、统筹和协调推进体育重大工作事项，但要实现成渝地区双城经济圈体育产业的可持续发展、高质量发展，科学的协同评价体系和有效的发展策略还需系统探讨并建立。

1.2 研究目的与意义

1.2.1 研究目的

对经济增长质量的研究由传统研究框架向经济增长部门和组成部分协同作

---

[1] 程林林，李秦宇，陈鸥. 我国体育经济"学术流派"的由来与现状解构：兼论中国体育产业的高质量发展[J]. 成都体育学院学报，2019，45（4）：1-7，133.

用、经济增长系统自组织等系统论视角转变[①]，区域协同的自组织演化得到关注。区域体育产业发展过程中区域间的协同互动可以引导空间资源的再配置，从一定程度上扭转资源的错配，在既定的自然资源、企业组织、生产技术、资金投入下，区域协同发展能否成为推动体育产业发展的动能，已有研究缺少对相关理论和机制的探讨。目前我国对区域体育产业的分析更多的是对规模、增加值、产业结构、企业组织数量等的核算和分析，而对协同度的测算尚无准确的讨论，因此区域体育产业能否从协同发展中获利，不同程度的协同对区域体育产业发展水平是否产生不同的影响，都有待实证检验。根据机制设计理论（Mechanism Design Theory），在信息分散和信息不对称的条件下可以通过设计与激励相容的机制来实现资源的有效配置[②]。在促进体育产业高质量发展这一目标下，通过协同发展演化阶段的判别、协同水平的测度及影响因素的分析，提出科学、合理的制度设计，实现体育产业经济活动参与地区的利益最大化，达到既定目标。

本研究通过对成渝地区体育产业发展历程的回顾，梳理现阶段面临的现实基础与困境，刻画成渝地区双城经济圈体育产业协同发展的演化过程；通过对成渝地区双城经济圈体育产业协同系统的分析，确定影响协同水平的序参量，构建成渝地区体育产业协同测度模型；测算协同度对成渝地区体育产业发展的影响，解释体育产业发展与协同度的相互作用及影响因素；探讨成渝地区体育产业的协同发展的模式与路径，提出促进成渝地区双城经济圈体育产业协同发展的建议。

1.2.2 研究意义

1. 理论意义

就已有研究来看，我国诸多专家学者围绕区域体育产业发展进行了大量细致的研究。关于区域体育产业的研究主要集中在产业布局[③]、产业结构[④]、产业集群[⑤]、

[①] 任保平. 经济增长质量：经济增长理论框架的扩展[J]. 经济学动态, 2013（11）：45-51.
[②] 田国强, 陈旭东. 制度的本质、变迁与选择——赫维茨制度经济思想诠释及其现实意义[J]. 学术月刊, 2018, 50（1）：63-77.
[③] 刘香. 省域体育产业布局评价指标体系的构建及实证研究[J]. 成都体育学院学报, 2014, 40（8）：34-39, 45.
[④] 李亚慰. 区域体育经济产业布局与结构研究——以长江三角洲地区为例[D]. 苏州：苏州大学, 2014.
[⑤] 刘兵, 董春华. 体育产业集群形成与区域发展关系研究[J]. 体育科学, 2010, 30（2）：48-54.

产业政策[1]、产业融合[2]、产业发展评价体系[3]、产业竞争力[4]、与区域经济增长的相互作用[5]、区域一体化发展[6]等。对我国体育产业发展机制的研究，主要涉及国家和地方产业政策方面的机制设计[7]，国家层面的发展机制包括政府职能的界定、行业协会与行政脱钩、职业体育改革等；地方层面的发展机制包括建立行政部门的联席会议制度、体育产业领导小组，或者提出要建立体育产业协同工作机制，明确政府承担管理、行业进行自治和企业作为主体的改革方向，提供金融支持、建立资源交易平台。从协同发展的角度主要探讨区域体育产业面临的困境与挑战[8]，划分区域体育优势产业、潜优势产业与弱势产业的产业形态[9]，提出发展的路径与策略[10]，但对协同度的测算和协同机制的系统分析有所缺失。我国区域体育产业发展至今是否形成不同的协同模式？对区域体育产业协同发展测度采用什么方法？协同度对区域体育产业发展作用评估适用什么理论模型？怎样的机制才能最好地协同区域体育产业各构成要素之间的相互联系？如何更好地实现成渝地区双城经济圈体育产业的高质量发展？这些问题都需要进行深入的讨论。

从区域体育产业的研究理论来看，目前主要运用区域经济学的非均衡理论、均衡理论、梯度理论[11]、政策扩散理论等对体育产业布局、产业结构、产业竞争力、产业政策和可持续发展等方面进行研究，关注政府部门的合作机制[12]、区域

---

[1] 邢尊明. 我国地方政府体育产业政策行为研究——基于政策扩散理论的省（级）际政策实践调查与实证分析[J]. 体育科学, 2016, 36（1）：27-37.
[2] 苏敷志, 邰峰, 赵兰. 粤港澳大湾区体育产业融合发展现状、问题及对策[J]. 体育文化导刊, 2019（10）：105-110.
[3] 包海丽. 我国体育产业发展的评价指标体系与动态分析研究[J]. 广州体育学院学报, 2019, 39（3）：16-22.
[4] 卢金逵, 倪刚, 熊建萍. 区域体育产业竞争力评价与实证研究[J]. 体育科学, 2009, 29（6）：28-38.
[5] 胡美华, 陈卓. 体育产业发展对区域经济增长的溢出作用研究——基于山东省的实证研究[J]. 体育成人教育学刊, 2019, 35（5）：23-29.
[6] 李艳荣, 张长念. 区域协同发展战略下京津冀体育产业一体化发展研究[J]. 广州体育学院学报, 2019, 39（1）：40-44.
[7] 张瑞林, 王先亮. 中国体育产业发展机制创新研究[J]. 成都体育学院学报, 2016, 42（3）：19-24.
[8] 周良君, 肖婧莹, 陈小英, 等. 粤港澳大湾区体育产业协同发展研究[J]. 体育学刊, 2019, 26（2）：51-56.
[9] 张贵敏, 王艳. 我国区域体育产业的基本定位——基于区域体育产业协调发展的视角[J]. 沈阳体育学院学报, 2011, 30（3）：3-7.
[10] 陈安琪, 俞琳. 国内三大都市圈体育产业协同竞合发展范式研究[J]. 体育科研, 2007（1）：15-18.
[11] 邹蕾, 钱建蓉, 王志文. 我国区域体育发展战略研究中区域经济学理论应用综述[J]. 成都体育学院学报, 2013, 39（7）：23-28.
[12] 周清明, 周咏松. 成渝地区体育产业一体化开发的政府合作机制研究[J]. 成都体育学院学报, 2008, 34（11）：25-28.

共生发展机制[1]和保障机制[2]，探讨区域体育产业的发展方向，形成一批颇有裨益的成果。本研究将在前人研究的基础上，将自组织理论的耗散结构理论（Dissipative Structure Theory）、协同学（Synergetics）理论、增长极理论（Growth Pole Theory）和机制设计理论引入成渝地区双城经济圈体育产业协同发展研究中，刻画体育产业协同发展的演化过程，阐释体育产业协同发展的作用机制，在理论分析框架指导下，构建成渝地区双城经济圈体育产业协同发展的复合系统与评价体系，并提出政府、市场、区域三个层面的协同发展策略。

在研究方法上，目前学界主要使用了层次分析（Analytic Hierarchy Process，AHP）法[3]和因子分析[4]构建区域体育产业评价指标体系，通过区位熵（Quotient of Location）测算各地区的体育产业发展差距[5]和空间集聚水平，运用偏离-份额分析法、集聚效应模型、主导产业模型、城市引力模型和增长极模型，测算区域体育产业布局和产业结构[6]，通过空间计量模型[7]计算区域体育产业对经济增长的作用。还有较多研究通过对体育产业发展数据的描述性统计，分析区域体育产业发展的特征和态势。本研究将运用自组织理论的协同学理论探索适用于体育产业的测度模型，结合实证对成渝地区体育产业的协同程度进行测算，拓展现有的区域体育产业研究方法，为后续研究提供测度方法的参考，补充区域体育产业的理论研究体系。

2. 现实意义

由于不同区域的体育资源不同，其资源禀赋、地理特征、体育文化等各有差异，区域体育产业的发展路径也各有不同。本研究主要从协同发展的视阈入手，通过优化区域体育资源的组合，促进体育产业的发展。目前我国体育产业呈现出

---

[1] 李国, 孙庆祝. 共生共荣：区域体育产业共生发展机制研究[J]. 武汉体育学院学报, 2012, 46（9）：50-54.
[2] 朱洪军, 张建辉, 梁婷婷, 等. 粤港澳大湾区体育赛事一体化与保障机制研究[J]. 体育学刊, 2019, 26（5）：49-55.
[3] 李琳, 杨婕, 杨田, 等. 区域体育产业可持续发展评价指标体系研究[J]. 北京体育大学学报, 2010, 33（9）：26-29.
[4] 孙素玲. 区域体育产业潜力评价指标体系及实证研究[D]. 上海：上海体育学院, 2016.
[5] 肖婧莹, 周良君. 粤港澳大湾区体育产业协同发展：困境与出路[J]. 中国体育科技, 2019, 55（12）：5-11.
[6] 李亚慰. 区域体育经济产业布局与结构研究——以长江三角洲地区为例[D]. 苏州：苏州大学, 2014.
[7] 胡美华, 陈卓. 体育产业发展对区域经济增长的溢出作用研究——基于山东省的实证研究[J]. 体育成人教育学刊, 2019, 35（5）：23-29.

"沿海强内陆弱"的不均衡发展特点，长三角、京津冀区域高速增长，粤港澳地区在珠三角的基础上整体规模和发展水平处于领先地位。在国家大力发展体育产业的背景下，有一定基础的成渝地区发展后劲十足，相对滞后的其他地区也具有巨大的发展潜力。

本研究在已有的产业实践基础上总结我国区域体育产业协同发展的区域特征，厘清区域体育产业协同发展的空间形态、协同内容与机制，解析成渝地区双城经济圈体育产业协同发展面临的规律性问题。在此基础上，进一步研究协同程度对成渝地区体育产业发展的影响，进而探讨体育产业协同发展可能的模式选择与实施路径，可为成渝地区双城经济圈的体育产业发展提供建议，为我国其他区域体育产业发展提供借鉴和参考，同时可进一步优化现有的发展路径。

1.3 研究对象与范围界定

1.3.1 研究对象

本研究的研究对象为成渝地区双城经济圈体育产业协同发展的现象及问题，涉及其理论内涵、实践经验与发展策略等内容。具体从协同演化和协同评价两个角度，分析成渝地区双城经济圈体育产业协同发展的进程，讨论现阶段成渝地区双城经济圈体育产业协同发展水平与影响因素，从政府、市场和区域三个层面提出优化成渝地区双城经济圈体育产业协同发展的策略。

1.3.2 研究范围界定

中共中央、国务院印发的《成渝地区双城经济圈建设规划纲要》中明确了成渝地区双城经济圈规划范围，包括重庆的中心城区及万州、涪陵、綦江、大足、黔江、长寿、江津、合川、永川、南川、璧山、铜梁、潼南、荣昌、梁平、丰都、垫江、忠县等27个区（县），以及开州、云阳的部分地区；四川的成都、自贡、泸州、德阳、绵阳（除平武、北川）、遂宁、内江、乐山、南充、眉山、宜宾、广安、达州（除万源）、雅安（除天全、宝兴）、资阳15个市。总面积18.5万平方公里。

有学者根据"一小时通勤圈"[①]和城市引力模型[②]，对成渝地区双城经济圈的范围界定使用了"成都都市圈+重庆都市圈"或"成都经济圈+重庆经济圈"的概念。在新的发展战略下，成渝地区双城经济圈建设是突出重庆、成都两个极核的增长极作用，并带动整个重庆和四川乃至西部地区的发展，结合成渝地区体育产业实际，如冰雪运动、户外运动、民族传统体育运动等多在非双城经济圈规划范围，同时考量现有体育产业统计数据资料的可获得性，本研究将成渝地区双城经济圈体育产业的研究范围界定为重庆全域38个区县和四川全域21个地级城市。

1.4 研究思路与方法

1.4.1 研究思路

本研究沿着成渝地区双城经济圈体育产业的"协同发展是什么？协同程度和效果怎么样？协同发展如何实现？"的思路，按照理论基础、定性分析、定量测度、实证检验、现实指导的框架脉络展开研究，具体分为四个层次、七个部分。

第一层次为研究思路的确定与立论基础部分。第1部分提出研究背景、研究目的与意义、研究对象与范围界定、研究思路与方法。第2部分分别对区域经济协同、区域体育产业和区域体育产业协同发展相关研究进行归纳和梳理，总结研究的理论基础。

第二层次从定性分析的视角讨论成渝地区体育产业发展已有基础与困境，以及协同发展的内涵、区域特征与演化阶段。第3部分对成渝地区体育产业的发展历程进行回顾，总结近年来成渝地区体育产业的规模、布局、结构等现实基础，梳理现阶段成渝地区体育发展面临的主要问题。第4部分讨论成渝地区双城经济圈体育产业协同发展的概念界定、确立依据和作用过程，明确成渝地区双城经济圈体育产业协同发展的内涵，通过分析区域体育产业协同发展的空间形态、协同内容与机制演化过程，判断成渝地区双城经济圈体育产业协同发展阶段。

---

① 肖强，黄婧，文传浩. 重庆"一小时经济圈""人口-经济-空间"城市化协调性研究[J]. 重庆与世界（学术版），2014，31（9）：21-25.
② 王明杰. 成都都市圈的空间范围试划界定及结构层次划分研究[J]. 成都行政学院学报，2019（5）：84-87.

第三层次从定量分析的角度评价成渝地区双城经济圈体育产业协同发展的水平。第 5 部分通过构建协同度评价模型及评价指标体系，实证测算成渝地区双城经济圈体育产业发展的协同程度和各子系统的有序发展程度，分析目前成渝地区的整体协同成效和区域内有序发展的问题，解释体育产业发展与协同度的相互作用，并进一步分析成渝地区双城经济圈体育产业协同发展的影响因素。

第四层次根据第 5 部分的分析结果提出具有现实指导意义的协同发展策略。第 6 部分根据实证结果分析影响协同发展的关键变量，分别从政府、市场和区域层面提出相应的推进策略。第 7 部分总结研究结论、研究局限及未来可能深入的研究领域。

具体技术路线如图 1-1 所示。

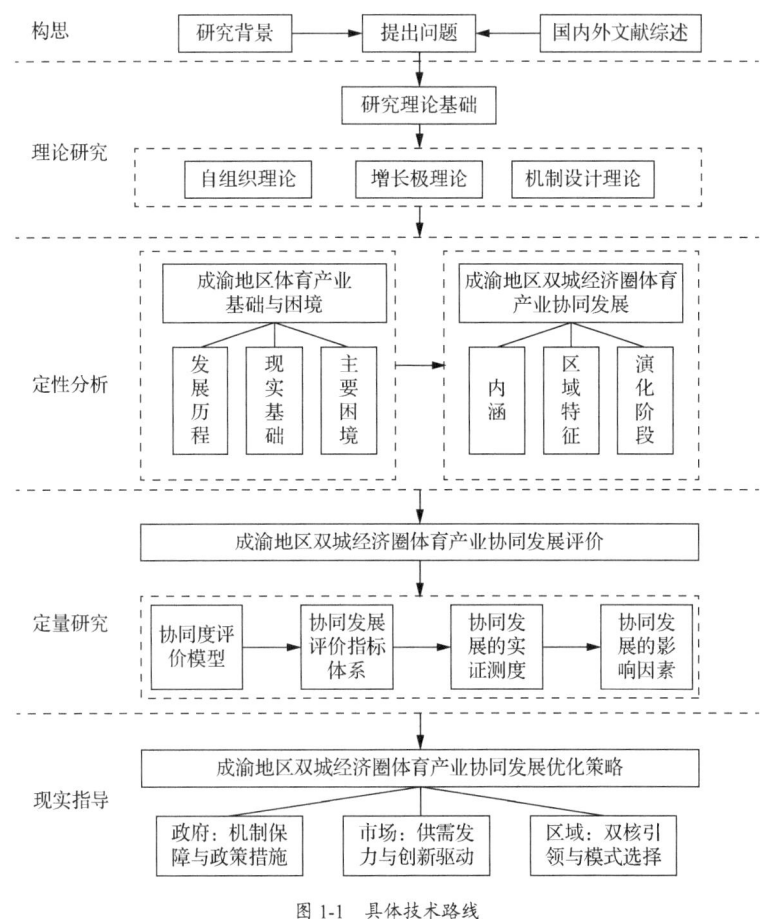

图 1-1 具体技术路线

1.4.2 研究方法

1. 研究方法的选取思路

本研究在区域经济学、产业经济学等理论指导下，从协同演化和协同评价两个角度，分析成渝地区体育产业协同发展的规律，按照历史分析与现实分析相结合、定性分析与定量分析相结合、理论分析与实证分析相结合的思路确定研究方法。

（1）历史分析与现实分析相结合。在研究成渝地区双城经济圈体育产业相关问题的过程中，需要搜集区域体育产业现象发生、发展和演变的历史事实，从总体上、全局上分析成渝地区和区域体育产业发展的一般结构与规律，为具体问题提供历史观和方法论的理论基础。同时，还需要对近年各区域体育产业发展规模、政策和制度及成渝地区社会、经济等与体育发展的现实情况进行整理，力求系统、客观地展现成渝地区双城经济圈与区域体育产业协同发展的发展态势，总结体育产业发展实践中形成的主要矛盾、影响因素与运动形式，提出成渝地区双城经济圈体育产业协同发展的未来方略。

（2）定性分析与定量分析相结合。从现有研究区域体育产业协同发展的文献来看，定性分析较多，定量分析较少。本研究通过定性与定量分析相结合的方法，对文献回顾与理论基础，以及成渝地区双城经济圈体育产业协同发展的内涵、特征与演化阶段等研究内容采用归纳与演绎、抽象与概括等定性分析的方法，分析成渝地区体育产业协同发展的必然性与特殊性，揭示成渝地区体育产业为什么要协同发展的问题。对成渝地区双城经济圈体育产业协同发展水平的研究，主要通过对区域经济相关研究测度模型的讨论，构建成渝地区双城经济圈体育产业协同度评价模型和评价指标体系，结合成渝地区双城经济圈体育产业的数据资料进行测量和计算，解释成渝地区双城经济圈体育产业复合系统、子系统、序参量的相互作用与关系，客观地展现成渝地区双城经济圈体育产业发展的原因和结果。

（3）理论分析与实证分析相结合。研究成渝地区双城经济圈体育产业协同发展，须按照理论和实践相结合的原则。一方面，在理论指导下分析体育产业协同发展的现象及过程，从本质上界定和分析成渝地区双城经济圈体育产业协同发展的组成部分与特征，把握事物发展变化的规律；另一方面，通过实证对成渝地区双城经济圈体育产业协同发展的行为或活动及其发展趋势进行客观分析，考虑体育产业协同发展区域联系的规律，并分析和预测行为的效果。具体通过对区域经济协同、区域体育产业、区域体育产业协同发展相关文献的研究，提出基于自组织理论、增长极理论等理论基础讨论成渝地区双城经济圈体育产业协同发展的作用机制及协同系统的框架体系。在成渝地区双城经济圈体育产业协同测度模型构建的基础上进行实证分析，检验协同度对体育产业发展的影响，解释体育产业发展与协同度的相互作用。

2. 具体研究方法

本研究主要采用了以下研究方法。

（1）文献资料法。为系统了解区域体育产业协同发展的相关理论和研究现状，通过知网、Web of Science（科学引文索引）文献及专著资料梳理国内外相关研究成果，结合 CiteSpace 软件对研究热点、作者、机构等的可视化分析，厘清区域体育产业协同发展的学术脉络，并对国家重点布局的五大区域发展战略地区体育产业协同发展相关研究进行梳理，进行由面到点的文献归纳和述评，为成渝地区双城经济圈体育产业协同发展的演化阶段分析、协同评价系统构建和影响因素分析奠定较为扎实的理论基础与文献基础。通过国家体育总局、国家统计局、重庆市体育局、四川省体育局等网站，收集整理体育产业相关数据和政策文本，为研究的定性与定量分析提供支撑。

（2）专家访谈法。为准确把握成渝地区双城经济圈体育产业发展的相关要素、主要矛盾及政府的相关工作谋划，通过实地走访体育行政管理部门及在成渝地区双城经济圈建设首届体育高峰论坛召开期间，结合任务目标对重庆、四川的体育行政部门负责人、体育组织负责人、体育产业及体育管理领域的专家和学者等进行访谈，获取真实、详细的信息资料。咨询专家及业内人士名单如表1-1所示。

表1-1　咨询专家及业内人士名单

序号	姓名	单位类型	职务/职称
1	练××	体育行政部门	副局长
2	文××	体育行政部门	副处长
3	杨××	体育行政部门	副处长
4	黄××	高校	教授
5	刘×	高校	教授（博士）
6	高×	高校	教授

续表

序号	姓名	单位类型	职务/职称
7	刘×	高校	教授（博士）
8	郭××	高校	教授（博士）
9	张××	高校	教授（博士）
10	陈××	高校	教授（博士）
11	宋×	高校	教授（博士）
12	龙××	高校	教授
13	王×	高校	副教授（博士）
14	程××	行业协会	会长（博士）
15	谭××	体育公司	总经理
16	杨××	体育公司	总经理

（3）问卷调查法。为构建符合成渝地区双城经济圈体育产业特点的协同度评价模型和评价指标体系，在文献研究基础上拟定了《成渝地区双城经济圈体育产业协同发展》专家问卷，针对成渝地区双城经济圈体育产业协同发展评价指标等内容咨询专家意见，并征求专家对研究相关问题的意见和建议。问卷主要使用李克特量表对成渝地区双城经济圈体育产业协同发展评价指标的重要性进行判断。问卷首先进行预测，根据专家预测反馈对指标中表述不准确的条目进行修正，将完善后的问卷发送给专家。使用 SPSS 23.0 软件对问卷样本数据进行信效度检验，Cronbach's α（Cronbach's alpha）系数为 0.829（>0.6），通过内部一致性检验；选用探索性因子分析，KMO（Kaiser-Meyer-Olkin，检验统计量）值为 0.896（>0.6），Bartlett 球形度检验结果近似卡方值为 109.914，显著性 $P<0.05$，表明问卷具有良好的结构效度。

（4）数理统计法。本研究在讨论哈肯（Haken）模型、距离协同度模型和灰色关联协同度模型的研究内容及适用范围后，构建成渝地区双城经济圈体育产业复合系统协同度模型，根据专家问卷结果结合层次分析法确定协同度评价指标体系，使用 MATLAB 软件对成渝地区体育产业的协同程度进行实证测算；在影响因素确定过程中，引入区际体育市场开放性、空间联系强度和引力模型等建立多元回归模型，通过 Eviews 软件运用单位根检验、E-G 协整检验方法，判别成渝地区双城经济圈体育产业系统协同度的影响因素。

1.5 研究创新点

本研究的创新之处有以下三点。

第一，党中央、国务院高度重视成渝地区的发展，成渝地区双城经济圈在国家发展大局中具有独特而重要的战略地位。在这一背景下，本研究全面地回顾成渝地区体育产业的发展历程，刻画成渝地区双城经济圈体育产业协同发展的演化阶段，运用数据资料客观地评价现阶段成渝地区双城经济圈体育产业的协同水平和影响因素，解释体育产业发展与协同程度的相互作用，初步从政府、市场和区域三个层面提出成渝地区双城经济圈体育产业协同发展的策略，为实现成渝地区双城经济圈体育产业高质量发展提供现实依据。

第二，本研究基于自组织理论的耗散结构理论和协同学理论，探索适用于成渝地区双城经济圈体育产业的协同度测度模型；在充分考量区域经济系统、区域体育系统已有评价体系的基础上，阐释成渝地区体育产业协同发展作用机制，构建成渝地区双城经济圈体育产业协同发展评价指标体系，拓展现有的区域体育产业协同发展的理论分析框架，为后续研究提供测度方法参考，补充区域体育产业的研究体系。

第三，本研究基于协同学理论和协同发展时空演化阶段理论，分别从演化和测度的视角对成渝地区双城经济圈体育产业协同发展程度进行定性和定量分析，并相互印证分析结果，为区域体育产业协同发展提供新的分析视角。

2 文献综述与理论基础

本部分围绕协同发展这一核心问题，对区域经济、区域体育产业协同发展的相关文献进行回顾与评述，通过知识图谱与五大区域战略指导下的体育产业协同发展研究进行由面到点的文献梳理，总结已有研究的内容与方法，提出本研究可能突破的局限，最后在理论基础指导下搭建本研究的分析框架。

2.1 区域经济协同发展的相关文献

区域经济协同发展的基本原理是区域经济组织在结构形态、发展模式上呈现出相互影响和相互促进的自组织特征与行为机制[1]。西方国家区域经济出现两极化的趋势[2]，区域经济结构不断演化[3]。随着科学技术的进步，区域间经济联系的相互依赖程度日益加深，正视区域发展中存在的差异并有效合理控制[4]，协调区域系统内部及其子系统之间的相互合作，是实现区域协同发展的有效措施。影响我国区域间协同发展的因素包括地理位置关系、产业发展水平、区域政策[5]、产业的互补性与联动性、产业结构[6]等。学者们运用复合系统协调度模型、灰色关联模型、计量经济模型[7]、DEA（Data Envelopment Analysis，数据包络分析）模型等进行

---

[1] 刘英基. 中国区域经济协同发展的机理、问题及对策分析——基于复杂系统理论的视角[J]. 理论月刊，2012（3）：126-129.

[2] STORPER M. Separate worlds? Explaining the current wave of regional economic polarization[J]. Journal of economic geography, 2018, 18(2): 247-270.

[3] BALDWIN R, FORSLID R, MARTIN P, et al. Economic geography and public policy[M]. Princeton: Princeton University Press, 2003: 34-35.

[4] 蒋清海. 区域经济协调发展的若干理论问题[J]. 财经问题研究，1995（6）：49-54.

[5] 覃成林，张华，张技辉. 中国区域发展不平衡的新趋势及成因——基于人口加权变异系数的测度及其空间和产业二重分解[J]. 中国工业经济，2011（10）：37-45.

[6] 孙虎，乔标. 京津冀产业协同发展的问题与建议[J]. 中国软科学，2015（7）：68-74.

[7] ESTEBAN F V, BLANCA M. Entropy econometrics for combining regional economic forecasts: A data-weighted prior estimator[J]. Journal of geographical systems, 2017, 19(4): 349-370.

协同程度的测度和区域经济的预测，构建评价指标体系和协同度模型[1]，进行子系统之间的比较，评估区域政策效果[2]，反映不同因素对协同度评价的影响[3]，并提出打破思维定式、转变观念，建立强有力的区域协调管理机构，进行城市群建设，奠定空间和主体基础等建议。

关于区域经济协同发展的内涵，张天悦和林晓言认为区域经济协同发展是实现区域内各地域单元和经济组分一体化运作的区域经济发展方式，区域经济系统主要包括自然、社会、经济、人口、技术等多个子系统，自组织系统的形成源于协同过程中序参量的作用，因此明确协同发展中的序参量，并对区域经济效应及其作用程度进行判定，就能有效把握区域经济的协同作用及影响[4]。王金杰和周立群认为创新驱动、要素流动与市场机制作用是区域经济协同发展的三个支点[5]，区域合作中应激活各方隐性资源，最大限度地释放协同效应。

通过全面深化改革形成新的体制机制是区域经济协同发展的重要保障，黎鹏依据协同学原理提出区域经济协同发展应遵循比较优势与互利共赢原则、科学性与超前性原则、主导内容优先整合下的比较优势全面整合原则、组织实施的可操作性与可调控性原则、协同发展下的效率与公平兼顾原则，构建区域经济协同发展的区际协调机制，包括跨行政区组织协调机构及运行机制、行业与企业的自组织协调机制、地方经济发展与考核政府政绩的区际协调与保障机制[6]。具体到区域产业协同的运行机制，张明之认为主要包括动力机制、传导机制、评价机制和保障机制[7]，协同机制的创新重点在于发挥政府引导作用和市场的驱动力[8]。对于地方政府间协同机制设计，陈子韬等基于 ICA（Institutional Collective Action，制度

---

[1] 穆东，杜志平. 资源型区域协同发展评价研究[J]. 中国软科学，2005（5）：106-113.

[2] ALBOUY D. Evaluating the efficiency and equity of federal fiscal equalization[J]. Journal of public economics, 2012, 96（9-10）：824-839.

[3] 王恩旭，吴荻，匡海波. 基于标准离差-G1-DEA 的旅游机场竞争力与效率差异性评价的对比研究[J]. 科研管理，2016, 37（2）：152-160.

[4] 张天悦，林晓言. 交通在区域经济协同发展中的助推作用——以泛欧交通网为例[J]. 技术经济，2011, 30（8）：69-73，105.

[5] 王金杰，周立群. 新常态下区域协同发展的取向与路径——以京津冀的探索和实践为例[J]. 江海学刊，2015（4）：73-79，238.

[6] 黎鹏. 区域经济协同发展及其理论依据与实施途径[J]. 地理与地理信息科学，2005, 21（4）：51-55.

[7] 张明之. 区域产业协同的类型与运行方式——以长三角经济区产业协同为例[J]. 河南社会科学，2017, 25（4）：79-85.

[8] 周桂荣，李亚倩. 京津冀区域产业链整合与协同机制创新选择[J]. 产业创新研究，2021（17）：1-6.

集体行动）框架，分析政府间协同机制的演进、选择与构建，应考虑情景因素、合作风险、合作净收益、集成机制选择、机制成本五个要素[①]。

区域经济协同评价方面主要通过定量研究解析区域协同度的测度和协同发展带来的协同效应，李琳和刘莹运用哈肯模型对1992—2011年中国29省市经济协同发展的区域比较优势、区域经济联系和区域产业分工进行了测算，通过两两间的运动方程计算，评估区域经济协同发展水平，认为我国区域经济的市场分割程度逐步降低，协同发展环境不断优化，中西部地区后发优势逐步显现，区域经济协同发展已跃升至中级阶段[②]。孙久文和姚鹏从新经济地理学的视角分析京津冀产业协同发展，利用地区相对专业化指数、地区间专业化指数、SP指数来测算区域一体化对制造业空间格局的影响，提出要打破行政分割，建立协同创新共同体，完善交通一体化，通过区域利益协调机制，进一步推动生产要素的有序流动[③]。

关于区域协同模式，陈建军对区域与城市群一体化协同治理中的行政管理、法律和权利地位公平性问题，提出了构建集权机构指导下的单一中心的一体化体制模式、一体化市场经济模式和共同体治理模式[④]。在产业协同发展模式选择上，向晓梅和杨娟对粤港澳大湾区提出以产业链分工和协作配套为重点发展制造业，以产业间和产业链合作为重点发展现代服务业，以协同研发和市场的共同开拓为重点进行产业融合[⑤]。

目前对区域体育产业的研究根植于区域经济学理论，在经济学领域中关于区域协同发展的研究主要集中在基本理论的探讨和协同评价两个方面[⑥]。已有研究讨论了区域经济发展的趋势、差异及其协调、区域协同的演进、协同发展的内在机理、协同发展机制、协同发展模式，展现出目前区域经济协同发展的成就与困境。

[①] 陈子韬，王亚星，吴建南. 地方政府间协同机制设计何以成功：G60科创走廊的实践经验[J]. 城市发展研究，2021，28（9）：79-86.

[②] 李琳，刘莹. 中国区域经济协同发展的驱动因素——基于哈肯模型的分阶段实证研究[J]. 地理研究，2014，33（9）：1603-1616.

[③] 孙久文，姚鹏. 京津冀产业空间转移、地区专业化与协同发展——基于新经济地理学的分析框架[J]. 南开学报（哲学社会科学版），2015（1）：81-89.

[④] 陈建军. 区域协同治理的体制困境与模式选择[J]. 探索与争鸣，2020（10）：14-16，143.

[⑤] 向晓梅，杨娟. 粤港澳大湾区产业协同发展的机制和模式[J]. 华南师范大学学报（社会科学版），2018（2）：17-20.

[⑥] 郑玉雯，薛伟贤. 丝绸之路经济带沿线国家协同发展的驱动因素——基于哈肯模型的分阶段研究[J]. 中国软科学，2019（2）：78-92.

区域体育产业与经济的关系密不可分，现有区域经济的研究范式和内容为区域体育产业的协同发展研究提供了有益的研究方向和视角，特别是运用协同发展的定量评价方法可更加客观、科学地讨论体育产业。

2.2 区域体育产业协同发展的知识图谱

为了全面梳理我国区域体育产业的相关研究，本研究利用科学知识图谱进行文献计量分析，从不同视角总结已有研究成果。CiteSpace 是一款在科学计量学、数据和信息可视化背景下逐渐发展起来的一款多元、分时、动态的引文可视化分析软件，由美国德雷赛尔大学陈超美教授开发。因为是通过可视化的手段来呈现知识的结构、规律和分布情况的，所以通过此类方法分析得到的可视化图形被称为科学知识图谱。科学知识图谱是以知识域为对象，显示科学知识的发展进程与结构关系的一种图像，其研究内容包括共被引和耦合网络分析、科研合作网络分析、主题和领域共现网络分析[①]等。

截至 2019 年 12 月，由于在中国知网以主题或关键词为"体育产业协同"为检索条件的文献仅 133 篇，有限的文献数量不足以满足计量分析的意义，所以应扩大检索范围。鉴于区域体育产业发展态势是协同发展的基础，选用主题或关键词为"区域体育产业"或以篇名含有"区域"和"体育产业"为检索条件，检索文献 1089 篇。为提高研究的准确性对检索的文献进行了预处理，剔除新闻、会议通知等无关信息，最终确定 1051 篇文献为分析样本。本研究使用 CiteSpace.5.5.R2 进行分析，时间跨度为 2002—2019 年，力求探析我国区域体育产业协同发展研究的学术脉络与热点。

2.2.1 研究趋势特征

学术论文数量变化是衡量某领域发展的重要指标，通过分析分布曲线可以评价该领域的研究动态和发展趋势。我国关于区域体育产业的研究呈现出波浪式增长特征，大致可以分为以下三个阶段。

---

① 李杰，陈超美. Cite Space：科技文本挖掘及可视化[M]. 北京：首都经济贸易大学出版社，2016：2.

第一阶段为萌芽探索阶段（2002—2007 年）。2002 年，童莹娟、丛湖平、郑芳团队研究了我国东部[①]和西部[②]地区的体育产业，谭建湘提出将体育产业作为区域发展新的经济增长点[③]。随后一批学者开始了对我国区域体育产业的研究，开启了萌芽探索阶段。在这段时期的研究主要讨论了区域体育产业发展的理论[④][⑤]、模式[⑥]、要素[⑦]、规划[⑧]、战略[⑨]，在研究方法上使用了专家咨询法、社会调查法[⑩]、实证研究法[⑪]和改进层次分析法[⑫]。本阶段的发文总量只有 100 余篇且增速较慢，研究内容多是对不同区域的体育产业发展现状的描述和分析，并提出对策和建议，研究方法比较简单；也有部分研究关注了体育产业与地方政府[⑬]、区域经济[⑭]之间的关系；值得一提的是在本阶段，丛湖平和唐小波[⑮]、曹可强[⑯]对长三角体育产业一体化发展提出了构想和论述。

第二阶段为快速发展阶段（2008—2014 年）。随着 2008 年北京奥运会成功举办带来的影响，体育和体育产业都引起了人们的广泛关注，关于区域体育产业的研究也快速增长起来，发文量近 450 篇。受到经济学、管理学、经济地理学等学科理论的影响，区域体育产业的研究范式和内容更加多样化，包括对区域体育产

[①] 童莹娟，丛湖平. 我国东部地区体育产业发展的社会经济"外环境"区位比较优势及发展方式的选择[J]. 中国体育科技，2002, 38（11）：4-6, 10.

[②] 丛湖平，郑芳. 我国西部体育产业区域发展的策略选择——以云南体育产业区域发展研究为例[J]. 中国体育科技，2002, 38（3）：8-10, 25.

[③] 谭建湘. 体育产业：区域发展新的经济增长点[J]. 天津体育学院学报，2002, 17（3）：37-39.

[④] 钟全宏. 我国西北地区体育产业发展规划的理论与模式研究[J]. 北京体育大学学报，2004, 27（1）：18-20.

[⑤] 林向阳. 我国区域体育协调与共同发展的理论研究[J]. 首都体育学院学报，2004, 16（4）：42-44.

[⑥] 丛湖平，张爱华，朱建清. 论我国东部省份体育产业区域发展模式的构建[J]. 体育科学，2004, 24（12）：13-17, 41.

[⑦] 单勇，徐晓燕. 论区域体育产业发展的基本要素[J]. 浙江体育科学，2004, 26（6）：30-32.

[⑧] 祝莉，许传宝. 全面建设小康社会进程中西部体育产业发展规划研究[J]. 体育科学，2005（1）：11-19.

[⑨] 彭菲，刘青. 我国西部地区体育非均衡协调发展战略探讨[J]. 成都体育学院学报，2006（6）：35-38.

[⑩] 詹新寰. 江西省体育产业区域性比较评价及发展对策研究[D]. 南昌：江西师范大学，2005.

[⑪] 蔡宝家. 区域体育用品产业集群实证研究[J]. 体育科技文献通报，2006（7）：65.

[⑫] 雷选沛，李沙丽，栾凤岩. 改进层次分析法在体育产业可持续发展评价中的应用[J]. 山东体育学院学报，2004（4）：13-15.

[⑬] 杨仁争. 体育产业发展与地方政府行为探析[J]. 北京体育大学学报，2002（3）：289-291.

[⑭] 彭勇，张崇林，旷春梅. 我国体育产业发展中的区域经济依赖评析[J]. 商场现代化，2006（35）：250-252.

[⑮] 丛湖平，唐小波. "长三角"地区体育产业一体化发展研究[J]. 中国体育科技，2004（3）：2-4.

[⑯] 曹可强. 论长江三角洲地区体育产业的一体化发展[J]. 上海体育学院学报，2006（1）：24-26.

业竞争力[1][2]、产业集群[3][4]、产业结构[5][6]及产业政策[7]等研究，研究方法使用了更为复杂的模型并进行实证检验[8][9]。本阶段研究的区域范围由简单的东中西部划分扩展到城市群、都市圈或具体的某一省市地区，对不同类型的体育产业资源禀赋提出区域间的协调发展[10]，以及不同体育形态之间的协调发展[11][12]。

第三阶段为全面发展阶段（2015年至今）。随着《国务院关于加快发展体育产业促进体育消费的若干意见》的颁布，关于区域体育产业的研究在之前经历一段时间缓慢下降后，随即快速增长，逐步进入平稳发展时期。制度经济学、新制度经济学和演化经济学等新范式被引入体育经济的研究领域，制度、利益、文化、习俗等非经济因素逐渐被纳入影响体育产业发展的多维变量中[13]。在国家相关政策的影响下，区域体育产业的高质量发展[14]、协同发

---

[1] 杨远波，张锐，黄道名，等. 成渝经济区体育产业竞争力的实证研究[J]. 四川体育科学，2014，33（2）：76-80.
[2] 刘兵. 基于结构范式的区域体育产业竞争力评价模型探讨[J]. 成都体育学院学报，2010，36（4）：6-10.
[3] 宋昱. 中国体育产业的集聚进展与集群演化探论（1994—2012）[J]. 西安体育学院学报，2015，32（1）：1-10，21.
[4] 方春妮. 区域体育产业集群形成机理研究[J]. 湖北体育科技，2012，31（2）：166-168.
[5] 杜江，董传升，张贵敏. 基于大型体育赛事的区域体育产业结构创新优化——以第十二届全运会为例[J]. 沈阳体育学院学报，2014，33（2）：37-41.
[6] 童莹娟，陶文渊，丛湖平. 我国东部省份体育产业的行业结构布局及政策研究[J]. 体育科学，2012，32（2）：39-49.
[7] 梁艳江. 山西省体育产业结构和布局政策选择的研究[D]. 太原：山西大学，2011.
[8] 徐小荷，余银，邓罗平. 区域体育竞争力评价体系的构建与实证研究——以两型社会试验区为例[J]. 南京体育学院学报（社会科学版），2010，24（3）：76-81.
[9] 朱汉义. 基于APH-GRAP的区域体育产业竞争力的评价与实证研究[J]. 浙江体育科学，2013，35（5）：10-14.
[10] 王艳，张贵敏，刘金生. 区域体育产业协调发展研究——基于不同类型体育产业发展条件的通则性分析[J]. 体育科学研究，2013，17（5）：35-40.
[11] 刘玉. 辽宁省区域竞技体育协调发展研究[D]. 大连：辽宁师范大学，2009.
[12] 李国强，章碧玉，赵猛. 我国区域经济、体育产业和群众体育综合协调发展研究[J]. 天津体育学院学报，2015，30（1）：87-92.
[13] 程林林，李秦宇，陈鸥. 我国体育经济"学术流派"的由来与现状解构：兼论中国体育产业的高质量发展[J]. 成都体育学院学报，2019，45（4）：1-7，133.
[14] 薛昊，张剑利. 长三角区域一体化背景下体育产业高质量发展研究[C]//中国体育科学学会. 第十一届全国体育科学大会论文摘要汇编. 北京：中国体育科学学会，2019：7014-7015.

展[1][2]、融合发展[3][4]等成为研究的热点，研究内容更加深入、广泛，涉及体育小镇建设[5][6]、体育产业引导资金[7][8]、发展评价[9][10]等，研究对象、视角和方法趋于多元，出现了其他学科学者的跨领域研究。截至 2019 年底，发文量已超 500 篇，区域体育产业研究更加全面。

2.2.2 关键词共现网络分析

关键词是文章核心内容的高度概括和凝练，通过关键词分析可以直观地展示该领域的知识结构，探讨研究热点、主题方向及研究趋势，其中关键词频次、中心度、突现度及聚类是四个重要指标。关键词频次越高表示关注度越高，中心度越大表示在该领域越重要，突现度反映了某一时间段相对突出的研究热点，聚类则可以探讨研究的主要方向[11]。运用 CiteSpace.5.5.R2 软件，设置阈值为（1，1，15）、（3，3，20）、（3，3，20），选择使用 Pathfinder 算法分析，生成我国区域体育产业研究关键词共现图谱（图 2-1，彩图见二维码）。

我国区域体育产业研究关键词共现图谱

---

① 吕谷妍，赵俊伟. 经济新常态视域下山西省体育产业与区域经济的协同发展研究——以网球产业为例[J]. 体育科技，2018，39（5）：91-92.
② 李燕，骆秉全. 京津冀体育旅游全产业链协同发展的路径及措施[J]. 首都体育学院学报，2019，31（4）：305-310.
③ 孙锋. "一带一路"背景下长三角地区体育产业融合路径研究[J]. 广州体育学院学报，2019，39（2）：64-67，110.
④ 苏敷志，邱峰，赵兰. 粤港澳大湾区体育产业融合发展现状、问题及对策[J]. 体育文化导刊，2019（10）：105-110.
⑤ 张丽军. 体育特色小镇区域协同发展：现实诉求与路径选择[J]. 沈阳体育学院学报，2018，37（5）：8-14，27.
⑥ 邹骐阳，舒婷，韩勤英，等. 津京冀地区运动休闲特色小镇发展研究[C]//中国体育科学学会. 第七届中国体育博士高层论坛论文摘要汇编. 北京：中国体育科学学会，2018：60-61.
⑦ 邢尊明，周良君. 我国地方体育产业引导资金政策实践、配置风险及效率改进——基于 8 个省、自治区、直辖市的实证调查及分析[J]. 体育科学，2015，35（4）：12-21.
⑧ 李奕霖. 省级体育产业发展引导资金的审计困境与纾解[J]. 体育成人教育学刊，2017，33（6）：23-25.
⑨ 任波. 中国区域体育产业发展外部环境评价模型构建与实证研究[J]. 吉林体育学院学报，2018，34（2）：1-7.
⑩ 邹德新，朱传耿，姜珅，等. 体育强国背景下体育强省评价指标体系构建与实证研究[J]. 体育学研究，2019，2（5）：1-10.
⑪ 李先跃. 中国文化产业与旅游产业融合研究进展及趋势——基于 Citespace 计量分析[J]. 经济地理，2019，39（12）：212-220，229.

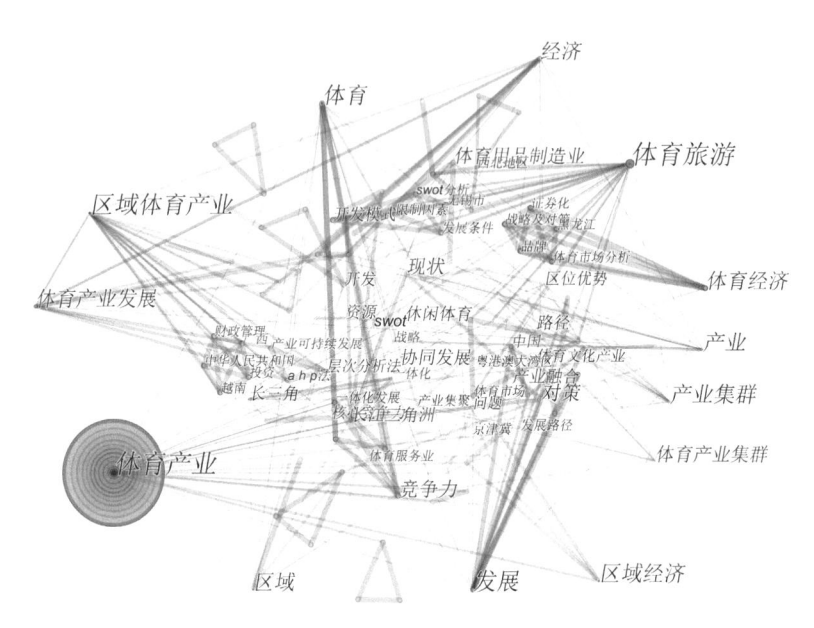

图 2-1 我国区域体育产业研究关键词共现图谱

通过关键词共现得到节点 175 个，连线 426 条，网络密度 0.028。节点和字号越大表示出现频次越高，连线表示相连的节点在同一篇文献中出现，且连线越粗表示关键词联系程度越强。已有研究认为，中心度高于 0.1 的关键词较为重要，我国区域体育产业研究的关键词频次最高的前 15 位中已包含中心度不小于 0.1 的关键词共 11 个，依次是体育产业、体育旅游、区域经济、区域、产业集群、体育、区域体育产业、发展、协同发展、体育产业发展、体育经济（表 2-1）。另外，长三角有关研究由于关键词表述不够准确，分别有长江三角洲、长江三角洲地区、长三角、长三角地区，出现频次共 19 次，表明在区域体育产业的研究中其关注度也较高。

表 2-1　我国区域体育产业研究高频与突现关键词

排名	高频关键词	频次	中心度	最早年份	突现关键词	突现度
1	体育产业	401	0.38	2002	体育产业集群	7.2447
2	体育旅游	73	0.36	2003	体育产业	7.2021
3	区域经济	51	0.1	2006	经济	6.1022
4	区域	42	0.17	2004	发展	5.8936
5	产业集群	42	0.13	2007	体育旅游	5.7884

续表

排名	高频关键词	频次	中心度	最早年份	突现关键词	突现度
6	体育	41	0.13	2004	协同发展	5.1447
7	区域体育产业	37	0.22	2005	区域体育产业	4.7513
8	发展	34	0.19	2002	体育用品	4.7023
9	对策	27	0.07	2005	长三角	4.0735
10	协同发展	24	0.1	2015	区域体育	4.0632
11	体育产业发展	23	0.11	2005	体育	3.8504
12	体育产业集群	21	0.04	2009	战略	3.2848
13	现状	19	0.05	2005	指标体系	3.1128
14	体育经济	17	0.15	2004	对策	3.0797
15	竞争力	15	0.08	2004	体育文化产业	3.004

通过关键词聚类可以生成时区图谱（图 2-2，彩图见二维码），将相同年份的热点按时间顺序进行排列并集合在相同区域。区域体育产业的研究聚类为十个类别，分别是体育产业、经济、体育产业集群、体育旅游、体育服务业、区域经济、体育文化产业、体育用品制造业、长江经济带、协同发展和战略。通过关键词聚类得到网络模块化评价指标 Modularity Q=0.5077（Q>0.3，表示聚类较好），网络同质性平均值 Mean Silhouette=0.5152（平均值大于 0.5，表示同质性较高），说明本图谱网络聚类合理。结合我国区域体育产业研究突现关键词和发展实践，探讨区域体育产业研究热点方向。

我国区域体育产业研究关键词聚类时区图谱

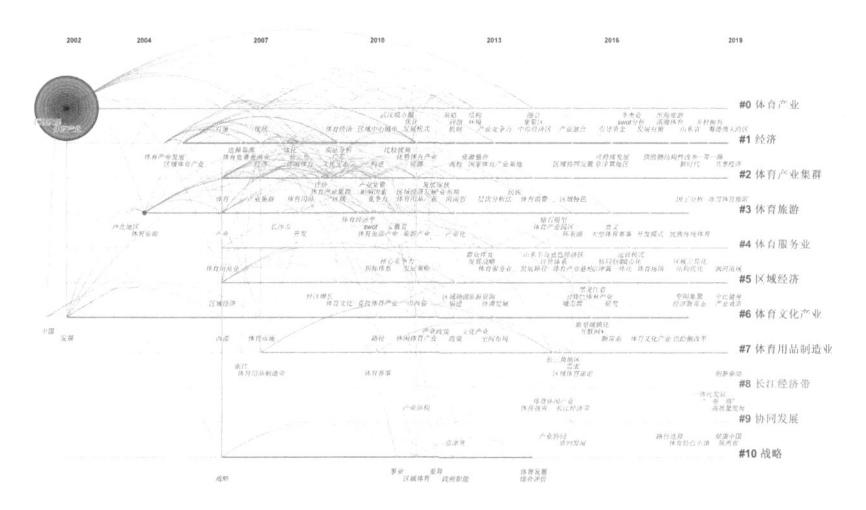

图 2-2 我国区域体育产业研究关键词聚类时区图谱

研究热点一：对体育产业主体的研究。体育产业是核心关键词中最大的节点，体育旅游、体育服务业、体育文化产业、体育用品制造业作为体育产业的主体，分别聚类为研究的热点知识群。体育旅游成为我国居民休闲活动和消费的热点，在体育产业中推动体育消费的价值日益凸显，与其相连的关键词包括民族体育旅游、冰雪体育旅游、大型体育赛事、开发模式等，表明体育旅游的主要研究对象是民族体育、冰雪体育和体育赛事，更好地开发体育资源是升级体育旅游发展的关键。体育服务业与核心竞争力、发展路径、发展策略、指标体系、结构优化、京津冀一体化等构成子网络，表明关于体育服务业的研究关注通过构建产业结构和产业竞争力的指标体系，提升区域体育产业的发展路径与策略。体育用品制造业关联的关键词包括资源禀赋、需求、生产关系、消费，目前体育用品和相关产品制造业仍占国家体育产业总产出和增加值的最大比重，存在市场供需信息不对称、市场集中度偏低、技术密集性单一等困境，面向供需关系的体育用品转型升级是研究的主要方向。体育文化产业与空间布局、产业融合、供给侧结构性改革、发展路径等共现网络，作为体育与文化产业的融合，体育文化产业在我国正成为国民经济新的增长点，但目前产业发展不平衡、质量不高、发展政策不完善，以供给侧结构性改革为指引，通过有效的区域政策组合，促进体育文化资源共享。

研究热点二：基于经济学、管理学分析框架的区域体育产业研究。以高频关键词区域经济、产业集聚、协同发展、经济、战略聚类的知识群，主要运用产业经济学、区域经济学等理论讨论体育产业与区域经济的关系，区域体育产业的产业结构、布局、竞争力、空间聚集、增长极、创新驱动等问题，结合管理学的基本原理和职能，分析区域体育产业发展的影响因素，探讨区域体育产业协同发展的路径等。

研究热点三：以具体区域为对象的体育产业实证研究。以长江经济带聚类的研究和以长三角为代表的突现关键词说明，目前区域体育产业以某一区域为对象的研究是热点，主要通过模型构建、实证分析讨论体育产业的成效与问题，提出高质量发展、协调发展、一体化发展的路径。已有研究对象关注区域包括长三角、京津冀、粤港澳、成渝、滨海地区、皖江城市带、长江经济带、西江经济带、环巢湖地区、长株潭城市群、环鄱阳湖城市群、武汉都市圈、海峡两岸、东北地区，还涉及"一带一路"国家，有的具体到某一省、市、区县。

2.2.3 核心作者分析

核心作者的共现分析可以反映该领域发文的核心作者、研究人员相互间的合作关系及科学共同体的形成情况。根据普赖斯定律，只有在同一主题核心作者发文量占总发文量的 1/2 时，才会形成学科高产作者群。区域体育产业核心作者发文总数仅占论文总数的 23.22%，说明该领域研究人员比较分散，在核心作者合作共现图谱（图 2-3，彩图见二维码）中也体现出核心作者共现密度较低，区域体育产业的研究团队不多，核心作者之间的合作程度较低。

我国区域体育产业研究核心作者合作共现图谱

图 2-3 我国区域体育产业研究核心作者合作共现图谱

在核心作者合作共现图谱中，作者名字节点大小和数量反映其共现频次，连线的数量、粗细代表作者间的合作关系和强度。区域体育产业研究发文量 5 篇以上的作者有 7 人：蔡宝家、黄海燕、宋昱、张贵敏、王艳、刘兵、谢英。厦门大学蔡宝家主要对区域体育用品产业集群、区域休闲体育产业、区域体育主导产业选择进行了理论和实证研究。上海体育学院（2023年更名为上海体育大学）黄海燕与张林、徐开娟、戴俊、李刚、任波形成研究团队，研究重点为体育产业的成就、态势、评价体系、供给侧结构性改革和高质量发展。该团队的研究水平较高，文章多数刊发在CSSCI（Chinese Social Sciences Citation Index，中文社会科学引文索引）来源期刊上。沈阳体育学院张贵敏与三峡大学王艳合作突出，属于导师与学生的"学缘"关系，主要研究区域体育产业的资源整合、优势产业选择和协调发展。上海体育学院宋昱、刘兵分别对体育产业集群进行了深入研究，研究主要以个人为主，尚未形成团队。西安体育学院谢英主要讨论区域体育资源分布、现状和开发问题，与刘畅、于美至合作开展对区域经济一体化与体育产业关系的研究。此外，宁波大学丛湖平和童莹娟团队是较早开展区域体育产业研究的团队，其研究成果在该领域有着重要影响；广州体育学院周良君及团队对粤港澳大湾区的体育产业发展研究也独树一帜、颇具价值。

研究团队是实现学术资源优势互补、促进知识交流共享的重要方式，它不仅能够提升研究成果的产出能力，还能提高研究成果的质量和影响力[①]。目前我国区域体育产业的研究还没有形成极具影响力的团队，研究团队以同一机构或师生关系居多，将来应该重视跨学科、跨区域的交流与合作，推动该领域进行融合与纵深研究。

2.2.4 科研机构分析

科研机构的共现分析可以直观体现区域体育产业科研领域的主要研究机构，共现图谱中的每个节点代表一个机构，节点的大小与发文量成正比，节点间的连线表示机构间的合作关系，连线的粗细表示机构之间合作的密度，连线越粗表示合作越密切。从机构合作共现来看（图2-4，彩图见二维码）一共有72个节点，节点间连线17条，共有17个机构有合作关系，网络密度为0.0067，可见研究机构之间的合作强度不大，未形成较广泛和密切的合作关系。较突出的合作网络是以上海体育学院为中心，与盐城师范学院、成都体育学院的合作；以沈阳体育学院为中心，与三峡大学、上海体育学院、国家体育总局体育科学研究所的合作；

---

① 阳艺武. 基于知识图谱的我国竞技体育后备人才培养研究热点及演化[J]. 上海体育学院学报，2015，39（2）：73-79.

以华东师范大学为中心，与江西财经大学、上海体育学院的合作。

图 2-4　我国区域体育产业研究机构合作共现图谱

从发文量来看，上海体育学院是发文最多的单位，原因有两个方面：一方面，上海体育学院有一批体育经济、体育管理的知名学者，如张林、钟天朗、陈锡尧、刘清早、曹可强、黄海燕、李海、刘东锋、宋昱等，形成体育经济学的"上体学派"[①]，具有优质的研究实力；另一方面，上海体育学院成立了体育产业发展研究院，致力于建设国内一流的体育产业发展战略和政策服务、体育产业信息与数据公共服务两个专业化平台，逐渐成为服务上海乃至全国体育产业发展实体性研究机构。因此，上海体育学院近年来在体育产业方面的研究成果丰硕且颇具影响力。

另外，沈阳体育学院、三峡大学、首都体育学院、南京师范大学、山东大学、华东师范大学、北京体育大学、西安体育学院、成都体育学院对区域体育产业的研究成果也较显著。从总体情况来看，目前对于区域体育产业的研究除国家体育总局体育科学研究所外，其他均来自高等院校，体育产业的研究是极具实践意义的，应该加强与体育组织、其他产业研究机构的合作，以产学研协同创新为路径，推动区域体育产业的高质量发展。

---

① 程林林，李秦宇，陈鸥. 我国体育经济"学术流派"的由来与现状解构：兼论中国体育产业的高质量发展[J]. 成都体育学院学报，2019，45（4）：1-7，133.

2.3 区域体育产业协同发展的相关文献

国外学者聚焦区域体育产业协同发展的研究不多，Gerke 等研究认为区域体育产业集群的发展受地理位置特异性、专业体育组织、管理机构、体育设备公司等的影响[1]，Shilbury 和 Ferkins 认为通过政府政策和资金支持等协同措施，可以提高体育组织的治理能力[2]，Lee 等研究发现市场竞争的效率对区域体育赛事产生重要影响[3]。国外研究更多关注的是体育产业的微观层面，如体育赛事赞助[4][5][6]、体育消费者行为[7]和体育组织[8]等。

国内对区域体育产业协同发展的研究主要包括两个层面，一是对区域内不同行政区之间的协同研究，二是对区域体育产业与其他产业之间的协同研究。本研究重点关注的是第一个层面的研究。中国经济发展进入新常态后，通过跨区域的协调发展，可以在更大范围内进行资源的优化配置，提高经济发展的效率和质量。在国家五大区域发展战略指引下，区域体育产业协同发展的研究也重点关注长三角、京津冀、粤港澳大湾区、中三角和成渝地区。

2.3.1 涉及长三角地区的相关文献

长三角是我国区域经济实力强劲的地区之一，其区域体育产业的协作发展一

---

[1] GERKE A, DESBORDES M, DICKSON G. Towards a sport cluster model: The ocean racing cluster in Brittany[J]. European sport management quarterly, 2015, 15(3): 343-363.

[2] SHILBURY D, FERKINS L. Exploring the utility of collaborative governance in a national sport organization[J]. Journal of sport management, 2015, 29(4): 380-397.

[3] LEE Y H, JANG H, HWANG S H. Market competition and threshold efficiency in the sports industry[J]. Journal of sports economics, 2015, 16(8): 853-870.

[4] BENNETT G, FERREIRA M, LEE J, et al. The role of involvement in sports and sport spectatorship in sponsor's brand use: The case of mountain dew and action sports sponsorship[J]. Sport marketing quarterly, 2009, 18(1): 14-24.

[5] MADRIGAL R. The influence of social alliances with sports teams on intentions to purchase corporate sponsors' products[J]. Journal of advertising, 2000, 29(4): 13-24.

[6] JENSEN J A, HEAD D, MONROE O, et al. Investigating sport league sponsor retention: Results from a semi-parametric hazard model[J]. Sport management review, 2020, 25(1): 31-58.

[7] LÜTHJE C. Characteristics of innovating users in a consumer goods field: An empirical study of sport-related product consumers[J]. Technovation, 2004, 24(9): 683-695.

[8] WOLFE R A, WEICK E K, USHER M J, et al. Sport and organizational studies exploring synergy[J]. Journal of management inquiry, 2005, 14(2): 182-210.

直走在全国前列，体育产业已成为缩小区域发展差异的有效路径依赖[①]。童莹娟和丛湖平较早对长三角地区体育产业发展进行了研究，将社会经济外环境作为研究体育产业发展的切入点，分析了我国东部地区（含长三角地区的上海、浙江、江苏）体育产业发展的区位优势，提出了区域体育产业发展的均衡发展方式、非均衡发展方式和非均衡-协调发展方式[②]。在讨论长三角地区体育产业一体化发展问题上，丛湖平和唐小波认为区内差别引致的观念分野和行政区划决定的政府区内自利性是一体化发展的障碍[③]，应以市场机制为手段调节资源配置，建立政府间在融通基础上的宏观制度调控等多层面的协调机制。施芳芳和常德胜对长三角地区的体育旅游资源开发和整合进行了研究，认为长三角地区的体育旅游资源丰富，但是开发不合理，体育旅游的产品结构单一，未形成规模效应[④]；在资源开放上存在体制的壁垒和开发不科学的技术问题[⑤]。

关于长三角体育产业结构，罗建英和丛湖平对体育产业发展的自然资源、资本、劳动、技术要素进行了比较研究，结合区位、社会文化、制度等分析认为上海重点发展竞技运动观赏服务业，浙江重点发展劳动密集型体育用品制造业，江苏重点发展技术密集型和资金密集型的体育用品制造业[⑥]。李亚慰和李建设通过长三角体育主导产业模型测算，指出当前上海的主导产业为体育赛事和体育健身，浙江的主导产业为体育制造与体育旅游，江苏的主导产业为体育彩票和体育制造，提出应进一步加强长三角体育主导产业的极化效应[⑦]。

2014年以来长三角地区体育产业增幅已超过全国平均水平，2017年长三角地区体育产业总规模为7473.57亿元，占当年全国体育产业的34.6%[⑧]。2021年，长三角地区体育产业总规模达到12956.1亿元，占全国比重从近年来的1/3左右提升到41.56%。徐开娟和黄海燕研究认为近年来长三角体育产业规模持续攀升，产业

[①] ZHUO LIN, GUAN XIANGFENG, YE SONGZHONG. Prediction analysis of the coordinated development of the sports and pension industries: Taking 11 provinces and cities in the Yangtze River economic belt of China as an example[J]. Sustainability, 2020, 12(6), 2493.
[②] 童莹娟，丛湖平. 我国东部地区体育产业发展的社会经济"外环境"区位比较优势及发展方式的选择[J]. 中国体育科技，2002, 38（11）：4-6, 10.
[③] 丛湖平，唐小波. "长三角"地区体育产业一体化发展研究[J]. 中国体育科技，2004（3）：2-4.
[④] 施芳芳，常德胜. 长三角地区体育旅游资源开发的现状与存在问题分析[J]. 体育与科学，2007, 28（6）：58-61.
[⑤] 施芳芳，常德胜. 长三角地区体育旅游资源的整合系统开发研究[J]. 西安体育学院学报，2009, 26（4）：410-412.
[⑥] 罗建英，丛湖平. 长三角地区体育产业发展的要素比较研究[J]. 体育与科学，2005（3）：46-48, 51.
[⑦] 李亚慰，李建设. 长三角地区体育主导产业结构测算、模型构建与发展预测研究[J]. 中国体育科技，2015, 51（6）：17-25, 82.
[⑧] 黄海燕. 上海体育产业发展报告（2017~2018）[R]. 北京：社会科学文献出版社，2019：2.

质量不断提高，产业基础不断夯实，形成具有长三角特色的体育产业一体化发展经验，应构建长效合作机制，发挥区域资源优势，通过合理分工、错位竞争，理顺区域协作机制，加强产业规划顶层设计，优化体育资源市场化配置，探索构建长三角地区体育产业高质量发展的有效路径[①]。

2.3.2 涉及京津冀地区的相关文献

2016年，京津冀三地体育部门负责人在河北省张家口市签署了《深入推进京津冀体育协同发展议定书》，将三地体育协同发展推向纵深。随着京津冀协同发展实施，京津冀地区在携手组织精品竞技赛事、联合举办各类群体活动、合作创建环京津体育健身休闲圈、共同推动冰雪运动发展、齐心协力筹办冬奥、积极促进体育产业发展等诸多方面，取得了很大进展。已有研究对京津冀体育协同发展的讨论主要集中在以下三个方面。

一是对发展态势、协同路径及发展策略的定性分析。对京津冀地区的体育产业协同发展的研究始于冯文对京津冀体育旅游圈的探讨[②]，随后学者们逐渐开始对产业合作发展[③]、地区对比分析[④]和一体化发展[⑤]进行研究。目前京津冀体育产业协同发展存在的问题主要包括产业总体规模较小[⑥]、区域内发展失衡、产业结构不合理[⑦]、产业政策存在地域壁垒[⑧]、协同发展机制不完善、人才培养各自为阵[⑨]。雄安新区建设的推进和北京冬奥会的举办，必将为京津冀体育产业一体化发展带来新的机遇。

二是运用数据资料，通过数学模型，对产业结构、协同度测量等进行定量分析。唐炜选取区域分工指数、地方专业化指数和区位熵研究京津冀区域体育产业

---

① 徐开娟，黄海燕. 长三角地区体育产业发展态势、经验与建议[J]. 中国体育科技，2019，55（7）：45-55.
② 冯文. 对京津冀"体育旅游圈"发展的探讨[C]//北京市社会科学界联合会. 2010年度京津冀区域协作论坛论文集. 北京：北京市社会科学界联合会，2010：57-60.
③ 冯文. 京津冀体育产业合作发展研究[D]. 北京：首都体育学院，2012.
④ 袁庚申，王昆仑，梁富银. 京津冀体育产业对比分析及河北的发展策略研究[J]. 成都体育学院学报，2011，37（12）：42-46.
⑤ 宋忠良，陈亮. 京津冀体育产业圈一体化发展研究[J]. 临沂大学学报，2012，34（3）：98-102.
⑥ 魏秀芳. 雄安新区建设促进京津冀体育一体化发展研究[J]. 广州体育学院学报，2017，37（5）：15-19.
⑦ 陈晓丹. 雄安新区建设背景下京津冀体育产业一体化发展研究[J]. 南京体育学院学报（社会科学版），2017，31（4）：38-44.
⑧ 钟华梅，王兆红. 京津冀体育产业协同发展策略研究[J]. 哈尔滨体育学院学报，2019，37（5）：43-49.
⑨ 马道强，许凤洪. 京津冀体育协同发展研究[J]. 体育文化导刊，2015（11）：1-4.

同构问题，分析认为京津冀三地存在明显且程度不一的体育产业同构现象，北京与河北体育产业分工最为明确，北京与天津体育产业的差异性相对较小，天津与河北体育产业的差异性最小[1]，提出优化配置京津冀区域体育产业结构的关键是生产要素的合理流动，逐步实现区域体育产业协同发展。何胜保将京津冀体育产业结构演化分为形成、困惑、探索发展和快速发展四个阶段，通过灰色系统理论计算体育产业与经济增长之间的耦合关联度，建议京津冀都市圈体育产业重点发展体育媒介业、体育经纪业和体育健身休闲业，以北京、天津为辐射中心，构建"双心型"体育产业格局，形成体育产业链的"网络拓扑"结构[2]。岳凤文借鉴序参量功效函数协同度测量模型对京津冀体育赛事协同度进行测量，研究表明 2014—2016 年京津冀体育赛事系统的协同度增长缓慢，2017 年略有下降，京津冀体育赛事整体处于弱协同发展状态[3]，其原因主要包括缺乏战略规划、未建立协同管理平台、区域行政壁垒的阻碍、资源共享不足等。

三是对体育赛事的协同发展研究。通过对京津冀冰雪[4]、网球[5]、武术[6]等赛事的研究发现，目前三地还未真正做到协同办赛，赛事数量和规模差异大，场馆设施差距大，尚未形成品牌赛事，缺乏赛事联动机制与协同管理体制。对于资源共享信息平台建设，张婕提出通过各组织间的联动机制，以 P2P（Peer to Peer，对等网络）模式推动京津冀体育信息共建共享[7]。

2.3.3　涉及粤港澳大湾区的相关文献

2017 年 7 月 1 日，《深化粤港澳合作　推进大湾区建设框架协议》签署，2019 年 2 月 18 日，中共中央、国务院正式印发《粤港澳大湾区发展规划纲要》。粤港澳三地将在中央有关部门支持下，完善创新合作机制，促进互利共赢合作关系，共同将粤港澳大湾区建设成为更具活力的经济区、宜居宜业宜游的优质生活圈和内地

---

[1] 唐炜. 京津冀区域体育产业结构优化配置：基于产业同构的实证研究[J]. 天津体育学院学报，2018, 33（2）: 164-169.
[2] 何胜保. "京津冀都市圈"体育产业结构演化与经济增长的耦合关联研究[J]. 首都体育学院学报，2016, 28（1）: 18-22, 27.
[3] 岳凤文. 京津冀体育赛事协同发展的测量与评价[D]. 天津：天津体育学院，2019.
[4] 武雨佳. 2022 年冬奥会背景下京津冀大众滑雪赛事协同发展研究[D]. 北京：首都体育学院，2019.
[5] 张剑峰，高绪秀，王怡雯，等. 京津冀网球产业协同发展策略研究[J]. 山东体育学院学报，2016, 32（3）: 49-52.
[6] 王继生，孙泽，丁传伟，等. 京津冀武术节协同发展的研究[J]. 首都体育学院学报，2019, 31（3）: 226-229, 242.
[7] 张婕. 京津冀一体化体育信息共建共享模式[J]. 图书情报工作，2018, 62（S1）: 60-63.

与港澳深度合作的示范区，打造国际一流湾和世界级城市群。其中，涉及关于体育产业的战略部署提出要共同推进大湾区体育事业和体育产业发展，联合打造一批国际性、区域性品牌赛事。粤港澳大湾区是我国经济活力最强、开放程度最高的区域，但面临特殊的"一个国家、两种制度、三个关税区"异质性跨境合作发展，这与国内的主要区域经济带、城市群及国际三大湾区都有巨大差异。

周良君等早在 2011 年就对粤港澳区域体育发展进行了研究[1]，目前粤港澳大湾区体育产业协同发展存在协同治理缺位、发展定位模糊、深层次协作不足、发展不均衡和要素流动受阻五大困境，粤港澳各城市体育产业的区位熵仅香港、澳门和广州具有比较优势，反映出大湾区体育产业发展不平衡[2]。周良君团队提出改革和创新粤港澳体育产业协同发展的体制机制，建立政府、企业、社会共同参与的体育产业发展合作机制，构建和推进体育产业协同发展模式，以体育产业全面融合为重点，实现大湾区体育产业竞争力的全面提升，打造和创建国际化和本土化、高品质和生活化的体育生活圈等[3]大湾区体育产业协同发展的思路。

对粤港澳地区体育赛事的协同发展，朱洪军等研究指出目前存在赛事层级体系不完善、监管服务体系不统一、空间布局不合理、组织合作体系不完善，以及服务贸易要素自由流动受到较多隐性限制等问题，提出构建四大体育赛事层级体系、创建三大体育赛事示范区、建立一体化的赛事监管服务平台等战略构想，通过粤港澳体育赛事一体化保障机制破除不同体育管理体制的藩篱[4]。在具体的运动项目产业方面，梁枢提出可以依托香港赛马会与中国马术协会的深度合作，开发高规格马匹培育、竞马赛事产业，发展粤港澳马匹运动旅游业[5]。

2.3.4 涉及中三角地区的相关文献

长江中游城市群以武汉为中心，是由以武汉城市圈、环长株潭城市群、环鄱阳湖城市群为主体形成的特大型国家级城市群。2015 年，国家发展和改革委员会印发了《长江中游城市群发展规划》，要求建立城市群产业协调发展机制。2014 年，湖北武汉、湖南长沙、安徽合肥、江西南昌签订《长江中游省会城市体育联

---

[1] 周良君，侯玉鹭，张璐，等. 粤港澳区域体育发展研究[J]. 体育学刊，2011, 18（3）：44-47.
[2] 肖婧莹，周良君. 粤港澳大湾区体育产业协同发展：困境与出路[J]. 中国体育科技，2019, 55（12）：5-11.
[3] 周良君，肖婧莹，陈小英，等. 粤港澳大湾区体育产业协同发展研究[J]. 体育学刊，2019, 26（2）：51-56.
[4] 朱洪军，张建辉，梁婷婷，等. 粤港澳大湾区体育赛事一体化与保障机制研究[J]. 体育学刊，2019, 26（5）：49-55.
[5] 梁枢. 香港赛马会引领与粤港澳大湾区马匹运动产业可持续发展研究[J]. 体育与科学，2019, 40（3）：33-39.

盟协议》，内容包括加强信息互通、互办联赛、四城市青少年之间加强体育文化交流等，掀开了四座城市在体育领域合作的新篇章。随后，鄂湘皖赣城市冠军杯足球赛及长江中游城市群四省会城市乒乓球、羽毛球、网球联谊赛等赛事活动在四座城市陆续开展，进一步加强了体育交流与合作。

截至2020年12月，对中三角地区体育产业的研究不多，以"长江中游城市群"或"中三角""体育产业"为篇名检索文献仅1篇会议论文，分别以"武汉城市圈""长株潭""体育产业"为篇名检索文献各有16篇、14篇，篇名为"环鄱阳湖"和"体育产业"的文献尚无，且以上研究大多发表在5年前。

已有研究认为长江中游城市群体育产业兼具了东部发达地区和西部落后地区的双重特点，在供给侧结构性改革背景下，应从产业结构、要素升级、制度变革三个层面，以"点"状集群模式加强长江中游城市群特色体育产业发展，以"线"状集群模式强化其内部区域协调联动发展，以"面"状集群模式促进外延交互融通发展[1]。针对武汉城市圈，可以构建"三圈三带"体育产业空间战略，以"武汉—孝感—鄂州"鄂中地区体育赛事休闲产业集聚圈、"天门—潜江—仙桃"鄂南地区体育用品制造产业集聚圈和"咸宁—黄石—黄冈"鄂东地区体育拓展旅游产业集聚圈，沿沪成铁路发展"武汉—天门"体育用品物流带、沿京广铁路发展"武汉—咸宁"体育旅游观光带和沿武汉城际铁路发展"孝感—武汉—鄂州—黄石"体育赛事休闲带[2]。长株潭地区在"两型社会"试验区建设中形成以健身娱乐、体育传媒、体育彩票、体育中介、体育用品为主体，辅之以竞赛表演、体育培训、体育旅游等体育市场的投资主体逐步趋于多元化的体育产业体系，体育彩票、《体坛周报》是长株潭城市群体育产业的两大经济支柱[3]。

2.3.5 涉及成渝地区的相关文献

成渝两地地缘相近、人文相通，自2010年国务院批准《成渝经济区区域规划》，明确要求把成渝经济区建设成为西部地区重要的经济中心，到2016年国务院批复《成渝城市群发展规划》，再到2020年习近平总书记在中央财经委员会第六次会议上发表的重要讲话强调"推动成渝地区双城经济圈建设，在西部形成高

---

[1] 李晓颖，吕万刚，聂应军. 供给侧结构性改革视域下长江中游城市群体育产业的发展研究[C]//中国体育科学学会. 第十一届全国体育科学大会论文摘要汇编. 北京：中国体育科学学会，2019：7002-7003.
[2] 王学实，王骞. 基于GIS的武汉城市圈体育产业空间战略布局[J]. 武汉体育学院学报，2013，47（10）：33-38.
[3] 吴明华. 长株潭城市群体育产业发展战略研究[D]. 长沙：湖南师范大学，2011.

质量发展的重要增长极",提出"成渝地区双城经济圈"的概念,我国一直在推进成渝地区统筹发展。2020年4月,重庆市体育局与四川省体育局共同签署《川渝地区体育公共服务融合发展框架协议》,川渝两地就共建国家体育旅游示范区、建立体育公共服务融合发展合作平台、推动体育赛事活动融合发展、推动体育设施融合发展、共同推进体育人才队伍建设五个方面达成共识。

成渝地区体育产业协同发展实践已有一定基础,但相较长三角、京津冀等地区还存在较大差距,在体育产业研究领域也同样滞后。通过 CNKI 检索,篇名包含"成渝"和"体育产业"的期刊仅 4 篇(截至 2020 年 12 月)。在《成渝经济区区域规划》发布后,冯媛媛分析了重庆和四川的体育产业发展情况,重庆的体育产业总体规模小、机构实力弱、产业发展滞后、产出水平低;四川的体育产业面临市场主体欠成熟、管理不规范、用品生产薄弱、人才匮乏的挑战[1]。已有研究认为成渝地区城镇化水平较低制约了区域体育市场的开发,尚未形成适宜体育市场发展的网络化环境,由于调控机制和市场管理体系的缺乏,市场机制在体育市场中的作用还未显现[2],整体上成都的体育产业竞争力强于重庆,提出成渝地区应在政府主导下以休闲体育产业为主导,实行非均衡协调发展[3],从发展理念、顶层设计、资源配置、协调联动机制等方面促进成渝地区双城经济圈体育产业融合发展[4]。

随着 2021 年《成渝地区双城经济圈建设规划纲要》正式印发,关注成渝地区双城经济圈体育发展的文献数量快速增加,涉及体育旅游、体育赛事、体育区域协作网络、体育公共服务等问题,其中关于体育产业方面的研究集中在协同发展[5]、一体化发展[6]、体育产业集群[7]方面。研究认为加快成渝地区体育产业集群建设、推进经济圈体育产业协同发展、一体化发展存在政策机制、区域协作、基础差异等困境,以上问题亟须通过学界的系统研究提供破解之道。

---

[1] 冯媛媛. 成渝经济区域合作框架下四川体育产业发展研究[J]. 体育科技文献通报, 2013, 21(4): 10-11, 19.
[2] 周清明, 周咏松. 成渝地区体育产业一体化开发的政府合作机制研究[J]. 成都体育学院学报, 2008, 34(11): 25-28.
[3] 杨远波, 张锐, 黄道名, 等. 成渝经济区体育产业竞争力的实证研究[J]. 四川体育科学, 2014, 33(2): 76-80.
[4] 陈林会, 刘青. 成渝地区双城经济圈体育产业融合发展研究[J]. 经济体制改革, 2020(6): 57-63.
[5] 陈鸥. 成渝地区双城经济圈体育产业协同发展基础、困境与路径[J]. 成都体育学院学报, 2022, 48(5): 90-96.
[6] 罗杰勋, 张晓林, 田贞. 成渝地区双城经济圈体育产业一体化发展探究[J]. 体育文化导刊, 2022(4): 90-95, 110.
[7] 康埄铭, 刘鹭, 罗宇馨, 等. 成渝地区双城经济圈体育产业集群路径研究[J]. 内蒙古科技与经济, 2022(3): 59-60.

2.3.6 研究评述

目前，学者们对区域体育产业协同发展的研究主要结合区域经济学、地理经济学、生态经济学和管理学等理论。在研究内容上，集中在产业布局、产业结构、产业集群、产业政策、产业融合、产业发展评价体系、产业竞争力与区域经济增长的相互作用、区域一体化发展等方面，从协同发展的角度探讨了区域体育产业面临的困境与挑战，划分区域体育优势产业、潜优势产业与弱势产业的产业形态，提出发展的路径与策略；在研究方法上，主要使用了层次分析法和因子分析构建区域体育产业评价指标体系，通过区位熵测算各地区的体育产业发展差距和空间集聚水平，运用偏离-份额分析法、集聚效应模型、主导产业模型、城市引力模型与增长极模型测算区域体育产业布局和产业结构，通过空间计量模型计算区域体育产业与经济增长的关系，还有较多研究通过对体育产业发展数据的描述性统计，分析区域体育产业发展的特征和态势，但已有研究仍存在以下不足之处。

第一，缺乏完善的区域体育产业协同发展理论研究框架。已有研究主要以区域竞争力理论、区域分工与协作理论、协同学理论等某一理论作为基础分析区域体育产业协同发展的现象，缺乏对区域体育产业协同发展演化、影响因素、协同测度、协同机制等方面理论的系统讨论，尚未构建起较完善的区域体育产业协同发展理论研究框架。

第二，缺少对区域体育产业协同发展程度测算方法的系统讨论。现有研究主要直接使用区域经济协同的某种测算方法，未充分考量体育产业的特点，解决区域体育产业协同系统序参量识别、各子系统的有序度和子系统之间的协同度测算等问题。

第三，未构建区域体育产业协同发展的评价指标体系。已有文献讨论了体育产业发展、区域体育产业竞争力和可持续发展的评价体系，而协同发展的目标与影响因素不同，其评价指标与以上应有所区别。

第四，研究区域与视角的局限性。从研究区域来看，对长三角、京津冀的研究最丰富，对粤港澳大湾区的研究不多，但近两年呈上升趋势，对中三角和成渝地区的相关研究较少且滞后。随着区域体育产业协同发展实践和理论的不断发展与积淀，既有研究在其发展现状、影响因素及一体化发展策略等方面取得了较大进展，但从整体上对各区域的协同发展模式梳理、区域协同发展的机制设计还缺乏深入和系统的探讨。

2.4 研究的理论基础

要讨论成渝地区双城经济圈体育产业协同发展问题，需要结合体育学、经济学、管理学、系统科学等多学科的理论基础。本研究主要从协同的视角研究双城经济圈建设背景下的成渝地区体育产业发展，主要支撑理论包括自组织理论中的耗散结构理论与协同学理论，以及增长极理论和机制设计理论。

2.4.1 耗散结构理论

自组织理论是由耗散结构理论、协同学、超循环理论（Supercirculation Theory）等若干关于系统演化的理论共同组成的学科群。自组织理论是在认识系统内涵的基础上，以系统自组织为前提条件入手，分析系统演化的偶然因素与动力机制在系统演化中的作用，描述系统演化的循环发展模式、多样性和系统组织的相似性，从而揭示系统从混沌到有序再从有序到混沌的演化过程[1]。运用自组织理论将有助于研究成渝地区双城经济圈体育产业系统的形成、发展及演进。

沈小峰等在研究中指出普里高津（Prigogine）在建立耗散结构理论和概念时最早提出了"自组织"的概念[2]，用这个概念描述了那些自发出现或形成有序结构的过程[3]。耗散结构是一个远离平衡的开放系统，通过不断地与外界交换物质和能量，在系统某个参量的变化达到一定的阈值时，系统就可能发生非平衡相变，从原来的无序状态转变为一种在时间、空间上或功能上有序的状态。耗散结构的形成条件包括三个方面：第一，系统是开放的，与外界存在物质、能量的交换；第二，系统是远离平衡状态的，在系统中物质流、能量流和信息流的关系是非线性的；第三，系统内部不同要素之间存在非线性的相互作用，且需要不断输入能量来维持[4]。成渝地区双城经济圈体育产业的发展过程是一个开放系统，系统要素间存在相互作用的复杂性，呈现出非平衡状态等耗散结构特征。

---

[1] 张杰. 基于自组织理论的区域系统演化发展研究[D]. 哈尔滨：哈尔滨工程大学, 2007.
[2] 沈小峰, 胡岗, 姜璐. 耗散结构理论的建立[J]. 自然辩证法研究, 1986, 2（6）：45-49.
[3] 吴彤. 自组织方法论论纲[J]. 系统辩证学学报, 2001（2）：4-10.
[4] 张虹. 基于耗散结构理论的集群创新系统形成及演化分析[J]. 经济研究导刊, 2008（14）：33-35.

2.4.2 协同学理论

协同学理论由德国理论物理学家哈肯创立，主要研究远离平衡态的开放系统在与外界有物质或能量交换的情况下，系统如何通过内部协同作用，形成一定的有序结构或某种有组织性的功能[1]，是一门研究各子系统之间相互竞争、相互合作的科学。协同学认为复杂系统的子系统有两种运动趋势，一种是内部自发的无序运动，另一种是系统之间的关联引起的有序运动，也就是协同运动，这是系统自发走向有序的重要原因，也是控制区域体育产业协同发展的关键所在。协同学具有广泛的适应性，一切开放系统，不管是微观系统、宏观系统还是宇观系统，无论是自然系统还是社会系统，都可以在一定条件下呈现非平衡的有序结构[2]，都可应用协同学。

协同可分为以大区域为对象的内向协同和以子区域为对象的外向协同，内向协同反映大区域内部子区域间的协同对大区域经济增长的影响，外向协同反映某子区域与其他区域的协同对自身经济增长的影响[3]。为衡量系统的协同度而提出的协同度模型、哈肯模型和拓展 DEA 模型，在区域经济的定量研究中有着广泛的应用。成渝地区体育产业各系统间存在着既相互影响而又相互合作的关系，应找到影响体育产业系统变化的控制因素，进而发挥子系统间的协同作用。成渝地区双城经济圈体育产业的协同发展是体育资源、要素的协同，通过协同管理协调各区域间的资源配置和要素流动，发挥各自的比较优势，从而产生协同效应。

2.4.3 增长极理论

增长极概念最初是由法国经济学家弗郎索瓦·佩鲁（Fransois Perroux）提出的，他认为增长并非同时出现在所有地方，而是以不同的强度首先出现在一些增长点或增长极上，再通过不同的渠道向外扩散，并对整个经济产生不同的最终影响[4]。该理论的主要观点是，区域经济的发展主要依靠条件较好的少数地区和少数产业带动，应把少数区位条件好的地区和少数条件好的产业培育成经济增长极。

---

[1] 王贵友. 从混沌到有序——协同学简介[M]. 武汉：湖北人民出版社，1987：3-4.
[2] H. 哈肯，李应刚，宁存政. 二十世纪八十年代的物理思想[J]. 自然杂志，1984，7（8）：581-583，640.
[3] 刘莹. 区域经济协同发展：中国区域经济增长新路径[D]. 长沙：湖南大学，2018.
[4] 安虎森. 增长极理论评述[J]. 南开经济研究，1997（1）：31-37.

经济增长极被认为是一个由点到面、由局部到整体依次递进、有机联系的系统，其物质载体或表现形式包括各类别城镇、产业部门、新工业园区、经济协作区等。佩鲁认为增长极在形成与发展过程中会产生两种效应：极化效应和扩散效应。极化效应促成各种生产要素向增长极的回流和聚集；扩散效应促成各种生产要素从增长极向周围不发达地区的扩散。在发展的初级阶段，极化效应是主要的，当增长极发展到一定程度后，极化效应削弱，扩散效应加强。增长极效应是一种多种效应的复合体，如上游下游效应、集聚效应和互利效应等。

在区域性开发中，应在市场机制和计划机制的结合点上选择较为发达的城镇、较为先进的地区、具有关联度的推进型产业作为增长极，实行重点推进，带动其他地区的区域经济发展战略[1]。经济增长极包含产业增长极、城市增长极和潜在的经济增长极。体育产业增长极不仅涵盖效率支持——体育产业主导产业的选择与培育，还涵盖区域和空间——体育产业园区和核心城市对周边城市的辐射和推动[2]。目前我国区域体育产业发展不均衡，在成渝地区，成都和重庆的体育产业发展远超其他市州。2021年，成都体育产业总规模为925.21亿元，体育产业增加值为350.95亿元，占四川全省体育产业总规模的46%。2022年，成都体育产业总产值已超过1000亿元。2021年，重庆体育产业总规模为659.09亿元，增加值为265.18亿元。现阶段，成都和重庆两座城市已经成为成渝地区体育产业的城市增长极。在增长极理论框架下，可以讨论如何更好地发挥两个城市的扩散效应、建立体育产业协同园区、主导产业选择等发展策略。

2.4.4　机制设计理论

机制设计理论由诺贝尔经济学奖得主莱昂尼德·赫维奇（Leonid Hurwicz）、埃里克·马斯金（Eric Maskin）和罗杰·迈尔森（Roger Myerson）三位经济学家创建和发展。赫维奇最早提出了机制设计理论的基本思想和框架[3]，马斯金和迈尔森在此基础上分别发展了这一理论，提出了显示原理和实施理论。机制设计理论所研究的核心就是如何在信息分散和信息不对称的条件下设计激励相容的机制来

---

[1] 颜鹏飞，邵秋芬. 经济增长极理论研究[J]. 财经理论与实践，2001，22（2）：2-6.
[2] 陈林会. 区域体育产业增长极培育研究[D]. 南京：南京师范大学，2012.
[3] HURWICZ L. The design of mechanisms for resource allocation[J]. American economic review, 1973, 63（2）: 1-30.

实现资源的有效配置[①]。在分析经济问题时，机制设计理论将激励约束和资源约束同等对待，为理解配置效率失败提供分析框架，并为工序分配、市场设计及复合资源配置等现实问题提供分析思路。对于任意给定的一个经济目标或社会目标，在自由选择、自愿交换的分散化决策条件下，如何创造、设计一定的机制使经济活动参与者的利益与机制设计者一致来执行和实现这个目标。

机制设计理论主要解决两个问题：一是信息成本问题，即所设计的机制需要较少的关于消费者、生产者及其他经济活动参与者的信息和信息运行成本。任何一个经济机制的设计和执行都需要信息传递，而信息传递是需要花费成本的，因此，对于制度设计者来说，自然是信息空间的维数越小越好。二是机制的激励问题，即在所设计的机制下，使各参与者在追求个人利益的同时能够达到设计者所设定的目标，这就需要考虑激励问题。我们要实现某个目标，首先要使这个目标在技术可行性范围内；其次，我们要使它满足个人理性，即参与性，如果一个人不参与你提供的博弈，因为他有更好的选择，那么你的机制设计就是虚设的；最后，它要满足激励相容约束，要使个人自利行为自愿实现制度的目标。机制设计理论作为分析根本经济问题的基础理论，揭示了分散资源配置下的信息交流、激励机制与个体理性之间的关系，成为近30多年来微观经济学领域发展迅速的分支之一[②③]。

对于当下我国区域体育产业，机制设计理论提供了一个提升信息有效性和激励相容性的研究角度，平衡好顶层设计与基层实际、区域地方政府与市场之间的关系。在设计成渝地区体育产业协同发展机制时，要充分考虑到后续的实施和执行问题，结合激励相容理论，既要考虑市场逐利的目的，也要考虑产业可持续发展的目标，设计合理的制度来实现区域间不同主体的目标。

2.4.5 理论分析框架

根据自组织理论中的耗散结构理论，在区域体育产业是一个开放系统的前提下，突变是使系统从无序混乱走向有序井然的关键。在我国区域体育产业发展过

[①] 郭其友，李宝良. 机制设计理论：资源最优配置机制性质的解释与应用——2007年度诺贝尔经济学奖得主的主要经济学理论贡献述评[J]. 外国经济与管理，2007（11）：1-8, 17.

[②] MYERSON R B. Fundamental theory of institutions：A lecture in honor of Leo Hurwicz[J]. Review of economic design，2009，13（1-2）：59-75.

[③] 魏鲁彬. 国际机制设计研究动态——基于WOS（2005-2016）数据库的文献分析[J]. 经济学动态，2017（9）：148-160.

程中，系统内部某些参量的变化达到一定阈值时，区域体育产业从原来无序的混乱状态，转变为一种在时间上、空间上和功能上的有序状态，形成各自的发展模式，可以辨析影响区域体育产业协同发展的重要参量。协同作用是协同学理论中最基本的概念，由许多子系统构成的成渝地区体育产业系统，如果子系统之间互相配合，产生协同作用和合作效应，使系统在无外部力量驱使的情形下自发地由无序走向有序，由低级有序走向高级有序，系统便处于自组织状态，最终实现区域共赢。本研究在理论框架指导下分别从协同演化和协同评价两个角度，讨论成渝地区双城经济圈体育产业协同发展的演化过程和协同水平的评价测量，定性和定量分析成渝地区双城经济圈体育产业协同发展程度，解释体育产业协同系统如何从无序走向有序。在增长极理论和机制设计理论框架下，从政府、市场、区域三个层面探讨成渝地区双城经济圈体育产业如何提高协同作用、实现协同效应。理论分析框架如图 2-5 所示。

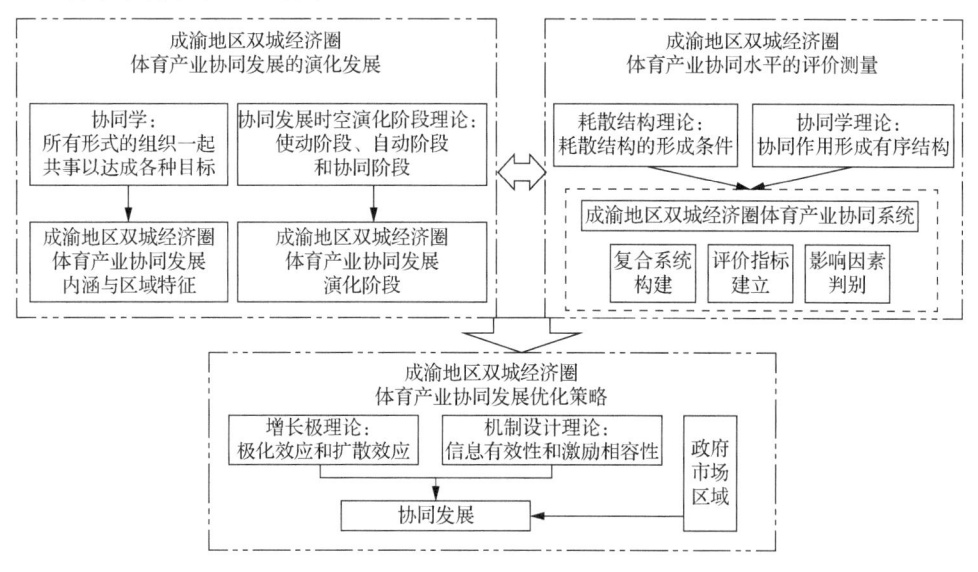

图 2-5 理论分析框架

根据协同学和区域协同发展时空演化阶段理论，第 4 部分从定性的视角分析区域体育产业协同发展的特点、作用过程与区域特征，根据空间形态、协同内容与机制判断成渝地区双城经济圈体育产业发展的阶段。第 5 部分主要根据耗散结构理论和协同学理论分析成渝地区双城经济圈体育产业协同发展系统，测算成渝地区双城经济圈体育产业发展的协同程度和各子系统的有序发展程度，分析目前成渝区域的整体协同成效并判别协同发展的影响因素。第 6 部分在增长极理论和机制设计理论指导下，从政府、市场和区域三个层面讨论成渝地区双城经济圈体育产业协同发展的机制保障与政策措施，提出供需两端发力与科技创新驱动的实施路径，阐述重庆和成都作为双核引领的角色作用，并提供经济圈各地体育产业发展的协同模式选择。

3 成渝地区体育产业基础与困境

成渝地区体育产业历经几十年的发展,既紧跟国家体育产业改革迭代的步伐,又具有西部内陆区域发展特色。通过对成渝地区体育产业发展历程的回顾,总结近年来成渝地区体育产业规模、布局、结构及外部环境等现实基础,梳理现阶段成渝地区体育产业发展面临的主要困境。

3.1 成渝地区体育产业的发展历程

1992年11月,全国体委主任座谈会在广东中山召开,提出形成国家办与社会办相结合、以社会办为主的体育管理体制新格局,首次将体育产业作为深化体育改革的一项重要内容。1993年,国家体育运动委员会(现为国家体育总局)制定《关于培育体育市场加快体育产业化进程的意见》,明确了体育要面向市场、走向市场、以产业化为方向的基本发展思路。成渝地区早在先秦时期就已相互接触、交融与认同,形成独特的巴蜀文化,中华人民共和国成立后四川与重庆合为一体,直至1997年组建重庆直辖市,川渝分治。重庆和四川体育产业作为独立的发展主体,自1997年以来,历经成渝分治、缓慢发展逐渐走向携手合作、共同发展。在初期由于成渝地区地处我国西部腹地,受地理区位和经济基础等因素的影响,体育产业发展较国内发达地区起步晚、基础差、贡献小,随着国家区域战略布局的深化,成渝地区逐步成为我国经济增长较快速的地区之一,体育产业随之快速发展。本研究将成渝地区体育产业发展的历史回顾分为成渝分治时期、成渝经济区时期、成渝城市群时期和成渝地区双城经济圈时期四个时期,整理各时期体育产业发展的基本概况与特征。

3.1.1 成渝分治时期(1997—2010年)

1997年重庆直辖后,体育产业发展缺乏统一规划和专门管理,主要由市体育局及直属单位等部门进行体育相关经营创收。2002年，全市体育营业收入3.7536亿元，体育产业主营和专营机构1875家，从业人员9367人[①]；2005年，重庆体育营业收入4.0126亿元，共有体育产业机构1920家，从业人员9376人[②]。在此期间，重庆体育产业营业收入主要来自体育彩票的销售；随着健身房、运动俱乐部的兴起，体育用品生产与销售及健身休闲市场也逐步发展起来；足球职业化道路改革带动了体育赛事的市场化运作，通过招商引资承办世界女排大奖赛、全国跳水锦标赛等国际国内比赛，取得良好的经济效益和社会效益；同时，各单项体育协会开始探索市场化办赛，推动了运动项目发展，但体育场馆运营和建设、体育信息传播、体育中介等领域发展仍然比较迟缓。

四川体育产业起步晚但发展较快，把握国家西部大开发的历史机遇，形成独立的、具有特色的产业门类。2001年，四川体育产业营业收入14.899亿元，从业人员16404人，体育产业活动单位1126家[③]；2005年，四川体育营业收入达10亿余元，体育产业活动单位1600多家[④]；2007年，全省体育产业总产出为22亿元，实现增加值9.9亿元，占GDP份额0.09%，体育产业从业人员3.5万人[⑤]。在此期间，四川体育产业主体仍然是体育彩票和体育用品业，但在体育竞赛表演和无形资产开发方面取得了显著成效。2000年，全兴集团以3200万元转让全兴足球俱乐部，通过俱乐部改制、体育赛事冠名、赛事电视转播权出售等经营手段将竞技体育推向社会化、产业化发展。

总结此时期重庆和四川体育产业发展的特征主要包括：管理体制不规范、市场主体不成熟、缺乏明确的体育产业发展政策和规划、体育竞赛表演开始市场化运作，基本呈现自由随意、野蛮生长的状态，成渝两地之间缺乏联动。从整体上看，成渝体育产业在我国西部地区处于领先地位，甚至在职业足球领域形成享誉全国的金牌球市。

3.1.2 成渝经济区时期（2011—2015年）

2011年5月5日，国务院常务会议正式同意批复《成渝经济区区域规划》，经

[①] 代玉梅. 重庆体育产业发展问题的研究[D]. 重庆：西南师范大学，2005.
[②] 易长江. 重庆体育产业发展的对策与战略研究[D]. 重庆：西南大学，2007.
[③] 马可冰，尤运生，白焰. 四川体育产业的现状及发展建议[J]. 四川省情，2003（4）：12-14.
[④] 崔建强. 西部地区体育产业发展的区域性分析[J]. 体育科技文献通报，2009，17（7）：112，115.
[⑤] 四川省体育局. 四川省体育产业发展规划纲要（2011—2020）的通知[EB/OL].（2013-03-22）[2023-07-10]. https://tyj.sc.gov.cn/sctyj/ghjh/2013/3/22/69495fc087594c3d82db3a42c60400d8.shtml.

济区面积20.6万平方公里，规划范围包括：四川的成都、德阳、绵阳、眉山、资阳、遂宁、乐山、雅安、自贡、泸州、内江、南充、宜宾、达州、广安15个市；重庆的万州、涪陵、渝中、大渡口、江北、沙坪坝、九龙坡、南岸、北碚、万盛、渝北、巴南、长寿、江津、合川、永川、南川、双桥、綦江、潼南、铜梁、大足、荣昌、璧山、梁平、丰都、垫江、忠县、开州、云阳、石柱31个区县。川渝两省市提出从共同加快经济区基础设施建设、共同构建区域一体化市场体系、共同引导经济区产业分工协作等方面加强合作，共建成渝经济区。在《成渝经济区区域规划》指导下，同时随着《国务院关于加快发展体育产业促进体育消费的若干意见》的发布，对成渝地区体育产业的推动是前所未有的。政府积极出台相关政策、体育市场活力不断激发、产业体系日益完善，重庆和四川体育理应在体育场馆基础设施建设、体育产业市场体系构建、体育产业分工和布局等方面有所合作，但现实是成渝两地在体育产业领域仍然分而治之、各行其道，在经济区框架下的体育产业合作仅体现在学者的研究论述中。

2015年，重庆市人民政府在《国务院关于加快发展体育产业促进体育消费的若干意见》精神指导下印发了《重庆市人民政府关于加快发展体育产业促进体育消费的实施意见》，明确了未来十年重庆体育产业的发展方向，对接五大功能区域发展战略和全市产业布局，首次提出打造"一核两带多基地"的体育发展格局。2015年，重庆体育产业总产出（总规模）为262.78亿元，增加值为127.38亿元，占同期重庆国民生产总值的比重为0.81%，各类市场主体超过2.8万家，从业人员16万余人。在此时期，重庆体育产业呈加速发展态势，初步形成较为齐全的产业门类，但体育产业整体规模较小，市场主体小、散、弱，体育服务业占比低、种类少，质量效益有待提高。

四川意识到在西方发达国家的体育产业已是一个独立门类和新的经济增长点，此时期四川体育产业规模小，在国民经济中尚处于弱势地位，但发展潜力巨大，于是连续出台了《四川省人民政府办公厅关于加快体育产业发展的实施意见》《四川省体育产业发展规划纲要（2011—2020）》等文件规划，提出了建设中西部体育产业发展高地的目标，逐渐形成"一极两带三区多园"体育产业发展布局，推动体育产业发展体系不断制度化，体育市场结构逐步多元化。2015年，四川体育及相关产业总收入689.1亿元，体育产业增加值246.2亿元，从业人员197894人。

成渝经济区时期，重庆和四川体育产业快速发展，逐渐建立了规范的体育产业行政管理体制机制,提出打造布局合理、功能完善、门类齐全的具有核心竞争力的现代体育市场服务体系。在区域合作规划下,政府作为初级行为主体,对体育产业的政策引导力度不够,导致市场和社会参与度不强,未建立区域合作机制,经济区合作框架下的成渝地区体育产业合作无实质进展。

3.1.3 成渝城市群时期(2016—2019年)

2016年,国务院批复《成渝城市群发展规划》,发挥其沟通西南西北、连接国内国外的独特优势,推动"一带一路"倡议和长江经济带战略契合互动。成渝城市群的具体范围包括重庆的渝中、万州、黔江、涪陵、大渡口、江北、沙坪坝、九龙坡、南岸、北碚、綦江、大足、渝北、巴南、长寿、江津、合川、永川、南川、潼南、铜梁、荣昌、璧山、梁平、丰都、垫江、忠县27个区(县)及开州、云阳的部分地区,四川的成都、自贡、泸州、德阳、绵阳(除北川、平武)、遂宁、内江、乐山、南充、眉山、宜宾、广安、达州(除万源)、雅安(除天全、宝兴)、资阳15个市,总面积18.5万平方公里。《成渝城市群发展规划》要求以成都、重庆为中心,引领成渝城市群发展,带动相关板块融合发展。规划提出构建成渝发展主轴,沿长江和成德绵乐城市带,川南、南遂广及达万城镇密集区,形成"一轴两带、双核三区"的空间格局。同时,将培育健身休闲、康体养生的旅游商务休闲产业体系作为特色优势产业进行布局。在此背景下,成渝地区体育产业应相互协作,通过重庆都市圈和成都都市圈的辐射带动推动成渝一体、共同发展,但在此时期成渝城市群仍然未建立体育产业的联动机制,体育产业定位与布局、基础设施建设等各自为政。

重庆为加快推动体育产业发展,制定了《重庆市体育发展"十三五"规划》《重庆市体育产业发展规划(2016—2025年)》,建立了体育产业统计调查制度,为制定重庆产业政策和相关决策提供了科学、准确的依据,设立了重庆体育产业发展专项资金,推动体育市场繁荣,通过供给侧结构性改革,释放新动能,带动体育全面发展。在重庆体育产业区域协调发展方面,充分发挥都市功能核心区和都市功能拓展区资源与市场活跃优势,重点发展健身休闲、赛事表演、中介培训、文化传媒、商务流通等体育服务业,力争建成全国著名的体育健身休闲之都、西部高端品牌赛事区、体育赛事经纪活动中心和体育用品展示集散中心,引领全市体育产业发展;鼓励各区县结合当地资源条件,培育各类特色体育产业基地。

四川在这一时期着力于通过规划引领，谋划全省体育产业未来发展的重点方向、发展目标、产业布局和配套政策，不断强化政策保障，研制《四川省体育产业发展总体规划（2019—2023年)》，积极探索组建四川体育产业集团和四川川联体育产业商会，引导和鼓励民营企业发展体育产业，在体育器材生产、体育服装制造等领域创造一批知名品牌。布局合理、功能完善、门类齐全的具有核心竞争力的现代体育市场服务体系初步建成，不断探索创新发展体育产业的"四川模式"。

成渝城市群时期，重庆和四川体育产业日益成为经济新的增长点和推动经济转型升级的重要方面，通过规划引领和政策保障明确各自发展定位，充分发挥市场和社会力量的作用参与体育产业。成渝两地体育产业规模仍然不大，体育消费潜力尚未得到充分释放，科技引领发展有差距，体育事业发展信息化、智慧化水平不高。在成渝城市群合作框架下，仍未形成成渝城市群体育产业的协调机制体制，重庆都市圈和成都都市圈体育产业辐射带动作用不强，未能引领成渝城市群带动相关板块体育产业的融合发展。

3.1.4 成渝地区双城经济圈时期（2020年至今）

2020年1月3日，中央财经委员会第六次会议研究要推动成渝地区双城经济圈建设，在西部形成高质量发展的重要增长极；2021年10月20日，中共中央、国务院正式印发《成渝地区双城经济圈建设规划纲要》，指导当前和今后一个时期成渝地区双城经济圈建设的纲领性文件出台。《成渝地区双城经济圈建设规划纲要》中明确提出，以更好地满足人民群众的美好生活需要为目标，扩大民生保障覆盖面，提升公共服务质量和水平，不断增强人民群众获得感、幸福感、安全感；要共享教育文化体育资源，共同推进体育事业发展。

2020年4月28日，重庆市体育局、四川省体育局签署《川渝地区体育公共服务融合发展框架协议》，为成渝两地体育产业融合与联动正式按下了"启动键"。随后重庆和四川体育部门及各市区、运动协会之间就体育产业合作签署多项协议（表3-1），在新公布的体育相关文件或规划中对体育产业融入成渝地区双城经济圈建设内容进行了部署，从资源共享、平台共建、赛事共办、设施共融等方面深入推动成渝地区双城经济圈体育产业的联动发展。

表 3-1 成渝地区双城经济圈体育产业合作主要政策

时间	相关文件或协议	发文或签署单位	主要内容
2020年4月28日	《川渝地区体育公共服务融合发展框架协议》	重庆市体育局、四川省体育局	川渝两地共建国家体育旅游示范区、建立体育公共服务融合发展合作平台、共同申办系列重大国际综合性赛事、推动体育设施融合发展、共同推进体育人才队伍建设
2020年7月28日	《四川省人民政府办公厅关于促进全民健身和体育消费推动体育产业高质量发展的实施意见》	四川省人民政府办公厅	以成渝地区双城经济圈建设为契机，培育区域体育产业重点城市，打造体育产业核心增长极
2020年9月15日	《重庆市体育局 成都市体育局双城联动共推体育融合发展合作协议》	重庆市体育局、成都市体育局	合作共享体育公共服务设施、共同推进竞技人才培养、加强职业体育俱乐部学习交流、推动赛事活动合作发展、支持体育协会组织开展多级多类学习交流和竞赛活动、共同打造中国体育产业发展高地等方面
2021年2月19日	《成渝地区双城经济圈体育产业协作协议》	重庆市体育局与四川省体育局、成都体育学院	成立成渝地区体育产业协作领导小组，领导小组组长由两省市体育局局长担任，两省市分管体育产业的局领导、成都体育学院分管科研的校领导担任副组长，相关职能部门负责人为领导小组成员。发挥成都体育学院天府国际体育赛事研究院高端智库作用，通过"一省一市一院"的协作机制，推动成渝地区体育产业协调发展、可持续发展、一体化发展、高质量发展
2021年2月19日	《川渝体育深化融合发展施工图》	重庆市体育局、四川省体育局	结合两地实际，加强领导，细化分工，明确责任，共分6大项30小项，制定川渝体育深化融合发展的时间表和路线图。要求定期会商、分析研判、推进落实，共同研究制定深度融合发展的措施，共同解决深度融合发展中存在的问题
2021年2月22日	《重庆市人民政府办公厅关于建设体育强市的实施意见》	重庆市人民政府办公厅	深化川渝两地体育合作交流，实现成渝地区体育事业融合发展

续表

时间	相关文件或协议	发文或签署单位	主要内容
2021年12月21日	《成都市"十四五"世界赛事名城建设规划》	成都市体育局	促进成渝两地体育领域规划衔接、政策联动、项目共推,通过赛事联办、产业协同、资源共享、平台共建,形成一批具有重大影响和示范作用的高水平合作成果
2022年1月20日	《成都市体育赛事体系规划(2021—2035年)》	成都市体育局	坚持协同联动、融合发展。加强成渝地区双城经济圈体育合作,推动成德眉资体育同城化发展,加强市级部门协同和市、区(市)县联动。策划组织各类成渝双城赛事活动,助推成渝地区双城经济圈建设
2023年7月24日	《成渝地区双城经济圈体育产业一体化发展规划(2023—2025年)》	重庆市体育局、四川省体育局	逐步形成成渝地区双城经济圈体育产业协同发展的体制机制,推进体育产业一体化发展,建立成渝体育产业联盟协作机制,两地体育产业合作逐步从政府主导走向政府作用与市场机制相结合,形成多中心、多层级、多节点的区域体育产业增长极网络
2023年9月27日	《重庆成都双核联动联建推进体育高质量协同发展实施方案》	重庆成都双核联动联建会议	重庆、成都通过平台共建、资源共享、赛事联办、项目共推,促进成渝两地体育规划衔接、政策联动、协同发展,形成一批具有重大影响和示范作用的高水平合作成果,打造带动西部体育高质量发展的重要增长极和新的动力源

资源来源：根据重庆市人民政府、四川省人民政府、重庆市体育局、四川省体育局、成都市体育局网站文件资料整理。

在成渝地区双城经济圈体育产业合作协议的支持下，重庆市体育局与四川省体育局多次合作举办活动（表3-2），两次召开川渝体育产业协同座谈会，就成渝地区双城经济圈体育产业协作事项清单、体育产业协作工作计划、组建成渝体育产业联盟等事项进行了深入交流，并达成共识。随后，"巴山蜀水运动川渝"体育旅游休闲消费季等活动纷纷落地，两地联合发布了一批体育旅游精品赛事、体育旅游精品线路、体育旅游综合体。据不完全统计，2020年，川渝两地共同举办了中国金堂成渝双城铁人三项挑战赛、成渝瑜伽大赛、青少年体育交流活动等100余场（次），双方体育互动近 200 万人次。截至 2023 年 1 月，重庆体育系统与四川体育系统签订合作协议 30 余份，推出体育产业联动、行业标准互信互认等 11 项重大举措。

表 3-2　成渝地区双城经济圈体育产业主要合作活动

时间	合作活动	主要参与单位
2021 年 3 月	川渝体育产业协同发展座谈会暨协作领导小组第一次会议	重庆市体育局、四川省体育局、成都体育学院、四川省体育产业联合会等
2021 年 4 月	川渝体育产业协同发展座谈会暨协作领导小组第二次会议	四川省体育局、重庆市体育局、成都市体育局、成都东部新区管理委员会、成都体育学院等
2021 年 5 月	首届"巴山蜀水·运动川渝"体育旅游休闲消费季重庆·荣昌站暨荣昌第二届体育消费节	重庆市体育局、四川省体育局、重庆市荣昌区人民政府
2021 年 10 月	成渝体育产业联盟暨第五届重庆市体育旅游产业发展大会	重庆市体育局、重庆市文化和旅游发展委员会、四川省体育局、四川省文化和旅游厅
2021 年 12 月	首届"巴山蜀水·运动川渝"体育旅游休闲消费季四川·成都东部新区站	四川省体育局、重庆市体育局、成渝体育产业联盟
2022 年 11 月	第二届"巴山蜀水·运动川渝"体育旅游休闲消费季重庆市城口站	四川省体育局、重庆市体育局、城口县人民政府
2022 年 11 月	首届中国（四川）国际熊猫消费节暨第二届"巴山蜀水·运动川渝"体育旅游休闲消费季四川·成都新都站	四川省体育局、重庆市体育局、成都市新都区人民政府
2023 年 2 月	成渝体育产业联盟暨第六届重庆市体育旅游产业发展大会	重庆市体育局、重庆市文化和旅游发展委员会、四川省体育局、四川省文化和旅游厅
2023 年 3 月	成立川渝高校体育产业联盟	成都体育学院、四川大学体育学院、西南大学体育学院、重庆邮电大学体育学院等 17 所高校体育院系
2023 年 5 月	第三届"巴山蜀水·运动川渝"体育旅游休闲消费季四川·绵阳安州站	四川省体育局、重庆市体育局、成渝体育产业联盟
2023 年 8 月	第三届"巴山蜀水·运动川渝"体育旅游休闲消费四川·巴中站	四川省体育局、重庆市体育局、巴中市人民政府、成渝体育产业联盟
2023 年 10 月	第二届中国（四川）国际熊猫消费节暨第三届"巴山蜀水·运动川渝"体育旅游休闲消费季四川成都·彭州站	四川省体育局、重庆市体育局主办，成都市体育局、彭州市人民政府

资料来源：根据重庆市体育局、四川省体育局网站新闻资料整理。

在成渝地区双城经济圈建设战略公布以来，政府通过强有力的政策措施推动成渝地区体育产业交流与互动，体育部门纷纷主动作为、强化对接，政府牵头搭台、市场和社会开始参与，正积极融入双城经济圈的体育产业建设，开展了一系列赛事活动，签署多项合作协议，自上而下地推进成渝地区双城经济圈体育产业合作。成渝地区体育产业关于区域战略统筹、市场一体化发展、区域合作互助等稳固长效的协同发展机制还未建立，政府、中介组织、市场"三元"主体作用还未得到充分发挥。目前，成渝地区体育产业社会组织数量还很少，种类不齐全，其自律、服务、调节等功能仍有待完善；体育市场在成渝地区体育资源配置方面的决定性作用还未得到充分体现。

3.2 成渝地区体育产业的现实基础

成渝地区从一家到分治再到区域合作，发展体育产业从以销售体育彩票为主到将其作为经济新的增长点和推动经济转型升级的重要方面，初步建成功能完善、门类齐全的具有核心竞争力的现代体育市场服务体系，在产业规模、产业布局、产业结构和外部环境方面已具备一定的现实基础。

3.2.1 成渝地区体育产业规模

成渝地区双城经济圈建设是在成都、重庆两个增长极的带动下推动四川和重庆的发展的，特别是成都自2017年提出建设世界赛事名城的时代表达和发展战略，以"办赛、营城、兴业、惠民"理念，持续发挥体育赛事聚人气、体育设施提能级、体育产业添动力、体育运动惠民生的独特作用，体育产业发展势头迅猛。为深刻展现成渝地区体育产业发展现状，对成渝地区的讨论中应该体现成都、重庆的极核作用。结合数据的可得性，将分别对重庆、四川、成都和四川不含成都的其他地区的总体情况进行分析[①]。

成渝地区体育产业总规模持续增长。2020年，重庆体育产业总规模（总产出）

---

① 根据各年《全国体育产业总规模和增加值数据公告》《重庆市体育产业总规模及增加值数据公告》《四川省体育产业统计公告》《四川体育年鉴》《四川省国民经济和社会发展统计公报》《成都市体育产业专项统计调查报告》等整理。

为541.33亿元，四川体育产业总规模（总产出）为1734.02亿元，其中成都为805.02亿元，其他地区为929亿元。由于疫情影响，全国体育产业与2019年相比，总产出下降7.2%，但成渝地区仍然保持持续增长的趋势。从纵向来看，重庆、四川、成都和四川不含成都的其他地区2016—2020年增幅分别为75.10%、103.55%、78.36%、131.93%（图3-1），其中四川不含成都的其他地区增速最快，成渝各地区体育产业总规模增幅均高于全国43.98%的水平，特别在2017年成都体育产业总规模增幅达23.65%，也正是由于前几年增幅较大，所以在2018年成都体育产业增速相对放缓，而四川不含成都的其他地区由于基础较为薄弱，提升空间较大，2019年开始发展后劲十足。

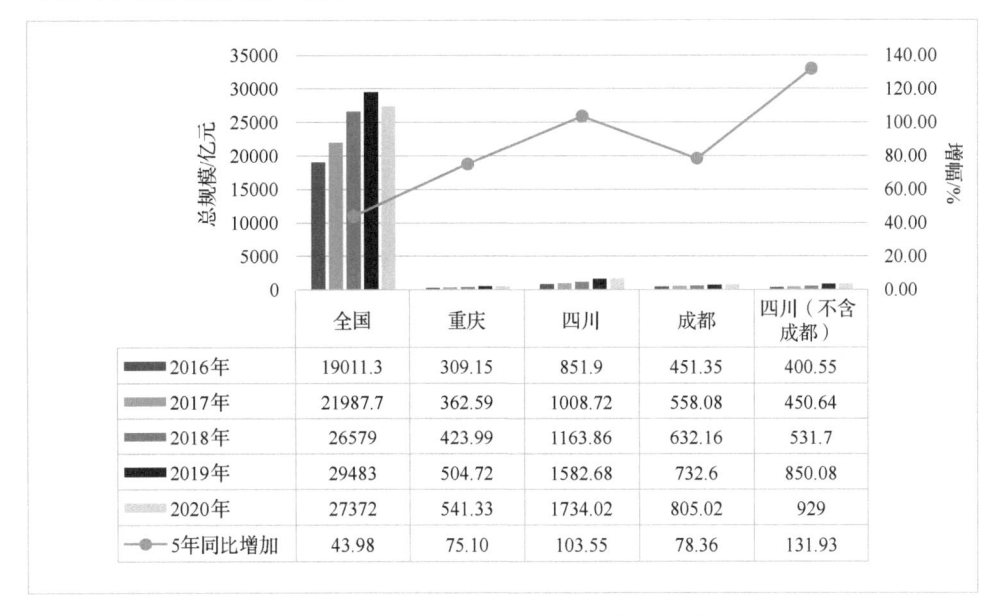

	全国	重庆	四川	成都	四川（不含成都）
2016年	19011.3	309.15	851.9	451.35	400.55
2017年	21987.7	362.59	1008.72	558.08	450.64
2018年	26579	423.99	1163.86	632.16	531.7
2019年	29483	504.72	1582.68	732.6	850.08
2020年	27372	541.33	1734.02	805.02	929
5年同比增加	43.98	75.10	103.55	78.36	131.93

图3-1 2016—2020年全国和成渝地区体育产业总规模与增幅

成渝地区体育产业占全国比重较低。2020年，全国体育产业总规模（总产出）为27372亿元，成渝地区体育产业总规模（总产出）为2275.35亿元，两地仅占全国的8.32%，远低于长三角地区占全国比重的38.43%。虽然成渝两地体育产业规模自2016—2020年基本实现翻一番，5年来除2018年外占全国比重保持增加（图3-2），但成渝地区体育产业总量占全国比重仍然偏低，与我国体育产业发展较好区域相比还存在较大差距。

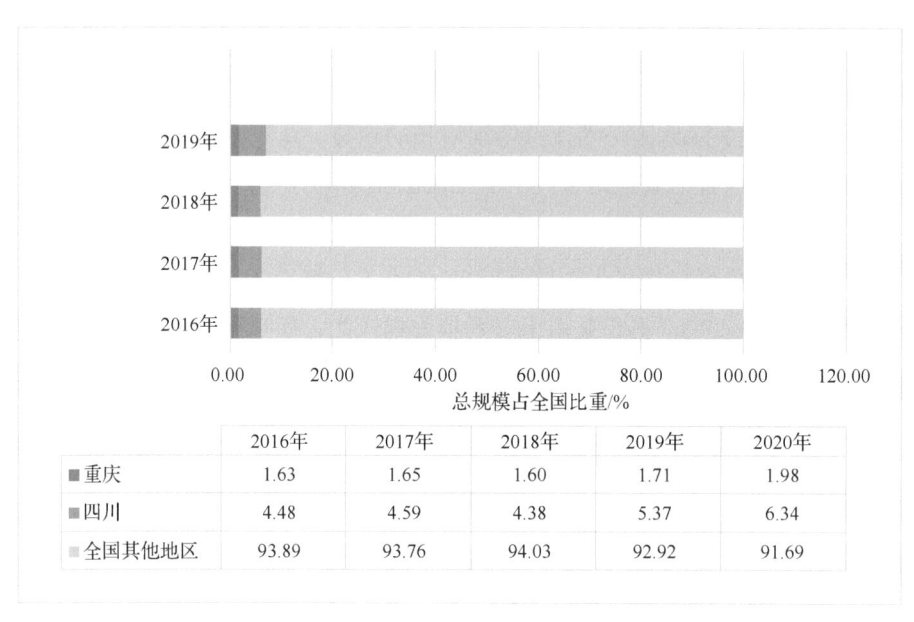

	2016年	2017年	2018年	2019年	2020年
重庆	1.63	1.65	1.60	1.71	1.98
四川	4.48	4.59	4.38	5.37	6.34
全国其他地区	93.89	93.76	94.03	92.92	91.69

图 3-2　2016—2020 年成渝地区体育产业总规模占全国比重

成渝地区体育产业对经济的贡献增强。2020 年，重庆和四川体育产业增加值占当地生产总值的比重分别是 0.90% 和 1.33%，基本保持上升趋势，其中四川的比重和增幅自 2019 年开始高于全国水平（图 3-3）。值得关注的是，四川成都体育产业占 GDP 比重达到 1.68%，一直远超全国平均水平，在拉动四川体育产业发展的"头雁引领"作用上表现得非常亮眼，甚至在 2019 年和 2020 年超过了体育产业发展领先的上海水平。按照《体育强国建设纲要》，体育产业将成为国民经济支柱性产业。一个产业发展成为国民经济支柱性产业的标准是该产业增加值占 GDP 的 5% 及以上[1]，而目前成渝地区离这一目标还有较大距离，未来的提升空间很大。

---

[1] 张玲玲，程林林. 打造支柱性体育产业助力体育强国建设的思考[J]. 成都体育学院学报，2019, 45（6）：24-26, 32.

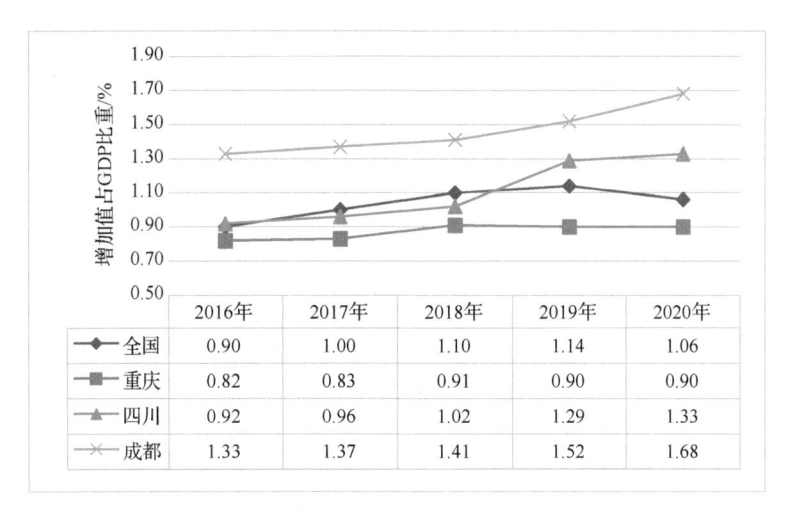

年份	2016年	2017年	2018年	2019年	2020年
全国	0.90	1.00	1.10	1.14	1.06
重庆	0.82	0.83	0.91	0.90	0.90
四川	0.92	0.96	1.02	1.29	1.33
成都	1.33	1.37	1.41	1.52	1.68

图 3-3 2016—2020 年全国和成渝地区体育产业增加值占 GDP 比重

3.2.2 成渝地区体育产业布局

产业布局与地区所处的自然资源、地理位置、经济基础和社会文化等有关。成渝地区地处我国内陆腹地，具有得天独厚的气候、自然风景和悠久的历史文化资源，是联结欧洲和东南亚市场的陆上经济走廊，具有广阔的开放空间、独特的山川河流资源和较强的增长潜力。根据成渝地区体育相关规划和政策，重庆提出了"一核两带多基地"体育产业布局，四川于 2020 年在原"一极两带三区多园"的布局上优化提出"一极三带五大发展区"的体育产业布局（表 3-3）。成渝两地体育产业布局呈现层级发展的特点，分别以重庆主城区和成都作为核心增长极，带动其他市（区）发展，通过跨市（区）产业带、发展区建设，打造具有区域特色的产业聚集。

表 3-3 成渝地区体育产业布局

省（市）	产业布局	具体内容
重庆	一核两带多基地	一核：打造都市体育产业核心区，重点发展健身休闲、赛事表演、中介培训、文化传媒、商务流通等体育服务业 两带：在渝东北生态涵养发展区建设水上运动娱乐服务带，在渝东南生态保护发展区打造户外运动和民俗体育休闲旅游服务带 多基地：体育装备制造基地、运动保健医药制造基地、体育运动训练基地、体育文化创意基地

续表

省（市）	产业布局	具体内容
四川	一极三带五大发展区	**核心增长极**：以成渝地区双城经济圈建设为契机，培育区域体育产业重点城市。充分发挥成都"头雁引领"作用，引领带动全省体育本体产业发展 **三大运动产业带**：依托横断山脉东缘山系和大巴山脉四川段建设绿色生态山地运动产业带，依托长江水系及大型湖泊建设蓝色水上运动产业带，依托冰雪资源建设白色冰雪运动产业带 **五大发展区**：环成都体育产业发展区、川南体育产业发展区、川东北体育产业发展区、攀西体育产业发展区和川西北生态体育产业发展区

资料来源：根据《重庆市人民政府关于加快发展体育产业促进体育消费的实施意见》《重庆市体育产业发展规划（2016—2025年）》《四川省人民政府办公厅关于促进全民健身和体育消费推动体育产业高质量发展的实施意见》整理。

为了进一步优化体育产业布局，创新体育产业发展模式，引导社会资本投入体育产业，全面带动体育产业发展，国家体育总局提出了体育产业基地建设的部署，重庆和四川也分别于2018年和2019年出台了《重庆市体育产业基地管理办法（试行）》《四川省体育产业示范基地（单位、项目）管理办法（试行）》，依据资源禀赋，因地制宜，突出特色，兼顾区域分布和产业结构升级，切实打造了一批符合市场规律、具有市场竞争力的体育产业示范基地、项目和单位（表3-4），以期发挥产业集群的聚集效应、规模效应、区域辐射效应。

表3-4 成渝地区国家级、省级体育产业示范基地、项目和单位

	项目类别	重庆	四川
国家级	体育产业示范基地	江津区、万盛经开区	成都市温江区、武侯区、双流区
	体育产业示范项目	—	茂县九鼎山国际高山滑雪场、都江堰市虹口景区漂流项目、广元市曾家山滑雪场、德阳市中国西部钓都、绵阳市北川九皇山滑雪场
	体育旅游示范基地	万盛经开区	绵阳市北川九皇山滑雪场、成都市西岭雪山景区、阿坝州四姑娘山风景名胜区

续表

项目类别		重庆	四川
省级	体育产业示范基地	—	成都市双流区、广元市朝天区
	体育产业示范单位	重庆市武隆喀斯特旅游（集团）有限公司、重庆市奥林匹克体育中心、重庆市涪陵体育产业发展有限公司等11个单位	成都乐动信息技术有限公司、宜宾市首创文化传媒有限责任公司、攀枝花市乾盛川商贸有限公司
	体育产业示范项目	重庆飞洋健身有限公司、重庆际华目的地中心实业有限公司（重庆际华园）、重庆嵩悦旅游有限公司（重庆丰都县南天湖国际滑雪场滑雪项目）	成都文轩体育文化中心、德阳中国西部钓都、广元曾家山滑雪场
	体育产业创新试验区	—	雅安文教新城

资料来源：根据2018—2021年重庆、四川体育产业示范基地评审结果整理。

由于重庆体育产业布局的相关政策出台于2016年前，对区域协同发展的考虑还不充分，而四川契合"一干多支、五区协同"的区域发展格局对省内的体育产业布局协同发展进行了谋划，在体育产业基地、项目和单位的分布方面，主要根据重庆和四川各自的区域特色和资源禀赋打造产业集群。在成渝地区双城经济圈建设过程中，如何对两地整体性体育产业布局进行整合和优化，目前还没有统一明确的规划，需要两地尽快建立协调机制、共谋发展。

3.2.3　成渝地区体育产业结构

产业结构是衡量体育产业的发展水平的标准之一，也是推动体育产业发展的重要因素。目前体育产业统计将内部结构分为体育服务业、体育用品及相关产品制造业和体育场地设施建设三大板块，分别体现体育服务业、体育制造业和体育建筑业的发展状况。我国体育产业结构失衡问题主要体现在体育用品及相关产品制造业规模最大，与发达国家体育服务业比重高存在较大差距[1]。自2019年开始，我国体育产业产值最大比重板块由体育用品及相关产品制造业转变为体育服务

---

[1] 陈林会. 我国体育产业高质量发展的结构升级与政策保障研究[J]. 成都体育学院学报，2019，45（4）：8-14，127.

业，2020年占体育产业总产出的51.6%，体育用品及相关产品制造业比重下降到44.9%。成渝地区体育产业结构优于全国水平，重庆体育服务业总产值占55.26%，四川为67.5%（表3-5）。

表3-5 2020年全国和成渝地区体育产业产值结构

体育产业行业类别	全国/亿元	重庆/亿元	四川/亿元
体育服务业	14136	299.12	1170.31
体育管理活动	880	9.84	45.79
体育竞赛表演活动	273	2.57	13.40
体育健身休闲活动	1580	57.14	148.83
体育场地和设施管理	2149	35.03	38.06
体育经纪与代理、广告与会展、表演与设计服务	316	4.04	61.10
体育教育与培训	2023	63.54	137.71
体育传媒与信息服务	847	15.99	153.01
体育用品及相关产品销售、出租与贸易代理	4514	74.62	231.82
其他体育服务	1554	36.35	340.59
体育用品及相关产品制造业	12287	201.79	357.52
体育场地设施建设	948	40.42	206.19
体育产业	27372	541.33	1734.02

2020年，全国体育服务业增加值为7374亿元，在体育产业中所占比重达到68.7%，成渝地区体育服务业增加值高于全国水平，占体育产业的2/3以上，其中重庆为72.8%，四川为78.9%（图3-4）。2016—2020年成渝地区体育服务业已经成为体育产业增加值中最重要的组成部分，在相关政策的影响下，体育市场不断发育，体育产业结构更加优化，逐步向发达国家水平靠拢。此外，四川体育建筑业增加值不断提高，是由于成都为举办第31届世界大学生夏季运动会，新建和改建了大量体育场馆，为构建更高水平的全民健身公共服务体系和完善体育产业发展基础设施打下良好基础。

成渝地区体育产业基础与困境 | 3

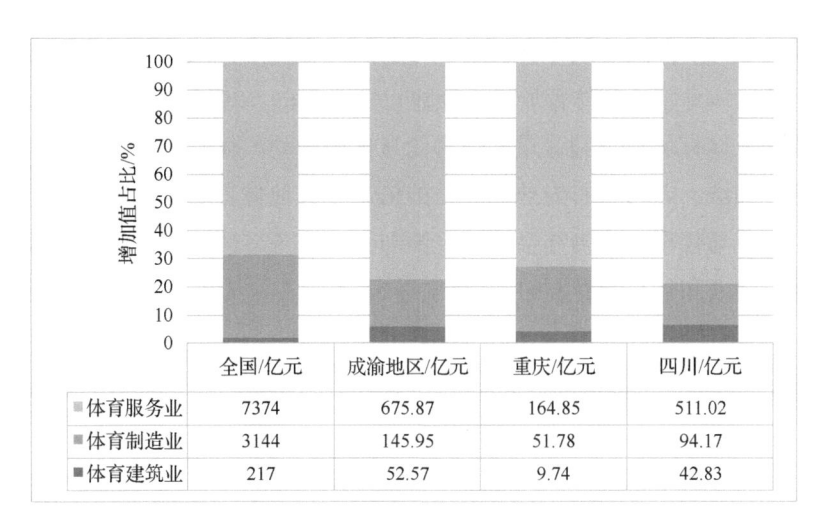

	全国/亿元	成渝地区/亿元	重庆/亿元	四川/亿元
■体育服务业	7374	675.87	164.85	511.02
■体育制造业	3144	145.95	51.78	94.17
■体育建筑业	217	52.57	9.74	42.83

图 3-4　2020 年成渝地区体育产业增加值结构

在产业结构研究中，可运用区位熵指标分析区域主导专业化部门的状况。区位熵是评价区域优势产业的基本分析方法，又称专门化率，用于衡量某一区域要素的空间分布情况，反映某一产业部门的优劣势，以及某一区域在高层次区域的地位和作用等方面[1]，在实际应用中可以选择产业总产值、产业增加值、产业从业人员、企业数量[2]等进行计算。为了进一步分析成渝地区体育产业专业化优势，本研究通过计算区位熵找出本区域在全国具有一定地位的体育优势产业。目前，区域体育产业研究中主要采用了产业总产值[3]、产业从业人员[4]进行计算，能较好地反映该区域体育专业化水平高低，故本研究未做修订，借鉴以上方法。区位熵的计算公式为

$$L_{ij} = (Q_{ij}/Q_i)/(Q_j/Q)$$

其中，L_{ij} 为区位熵；Q_{ij} 为 i 地区第 j 个体育产业的产值；Q_i 为 i 地区的体育产业总产值；Q_j 为全国第 j 个体育产业的产值；Q 为全国所有体育产业的总产值。

当 $L_{ij}>1$ 时，表示 i 地区第 j 个体育产业具有专业化优势，反之表示不具备优势。经测算，2018—2020 年重庆持续保持专业化优势的是体育健身休闲活动和体

---

[1] 刘洋，张泽民. 珠三角工业各行业比较优势分析[J]. 商场现代化，2010（17）：103-104.
[2] 宗刚，胡利红. 基于区位熵理论的北京第三产业发展研究[J]. 中国市场，2010（13）：47-49.
[3] 唐炜. 京津冀区域体育产业结构优化配置：基于产业同构的实证研究[J]. 天津体育学院学报，2018，33（2）：164-169.
[4] 肖婧莹，周良君. 粤港澳大湾区体育产业协同发展：困境与出路[J]. 中国体育科技，2019，55（12）：5-11.

育场地设施建设,四川连续3年保持优势的是体育健身休闲活动、体育传媒与信息服务、其他体育服务和体育场地设施建设(表3-6)。2020年,重庆具有专业优势化的依次是体育场地设施建设、体育健身休闲活动、体育教育与培训和其他体育服务四个领域;四川具有专业优势化的依次是其他体育服务,体育场地设施建设,体育经纪与代理、广告与会展、表演与设计服务,体育传媒与信息服务,体育健身休闲活动和体育教育与培训六个领域,且前三项专业优势化比较明显。

表3-6 2018—2020年成渝地区体育产业区位熵

体育产业行业类别	2018年		2019年		2020年	
	重庆	四川	重庆	四川	重庆	四川
体育管理活动	0.57	0.84	0.52	0.88	0.57	0.82
体育竞赛表演活动	2.67*	1.67*	2.96*	0.73	0.48	0.77
体育健身休闲活动	4.21*	1.73*	2.76*	1.24*	1.83*	1.49*
体育场地和设施管理	0.37	0.78	0.40	0.25	0.82	0.28
体育经纪与代理、广告与会展、表演与设计服务	2.76*	0.36	2.43*	2.40*	0.65	3.05*
体育教育与培训	0.39	0.59	0.41	1.17*	1.59*	1.07*
体育传媒与信息服务	1.96*	1.23*	1.51*	3.58*	0.95	2.85*
体育用品及相关产品销售、出租与贸易代理	2.02*	2.46*	1.96*	0.91	0.84	0.81
其他体育服务	0.91	1.28*	0.90	3.72*	1.18*	3.46*
体育用品及相关产品制造	0.49	0.52	0.53	0.46	0.83	0.46
体育场地设施建设	2.46*	1.85*	1.81*	3.41*	2.16*	3.43*

*具有专业化优势。

从变化趋势来看,四川具有专业优势化的体育产业行业变化不大,而重庆具有专业优势化的体育产业行业数量减少,专业化水平也降低。从整体来看,体育健身休闲活动和体育竞赛表演活动作为体育产业的核心产业,体育健身休闲活动在成渝地区都具有一定优势,但体育竞赛表演活动的比较优势逐渐减弱,成渝地区在后续发展中应关注核心产业,进一步扩大体育健身休闲业的专业化优势,培育壮大体育竞赛表演业。

3.2.4 成渝地区体育产业的外部环境

自 2020 年 1 月，成渝地区双城经济圈建设上升为国家区域重大战略，至 2021 年 1 月，川渝两省市共同批准设立第一个新区——川渝高竹新区，一年间成渝地区的合作发展发生了诸多新变化。成渝地区体育产业协同是一个开放系统，政府政策、经济基础、社会发展等密切影响着体育产业协同发展的推进。

在政府层面，中共中央政治局审议《成渝地区双城经济圈建设规划纲要》，川渝党政部门召开推动成渝地区双城经济圈建设重庆四川党政联席会议，出台《四川省人民政府办公厅 重庆市人民政府办公厅关于印发川渝通办事项清单（第一批）的通知》《成渝地区双城经济圈便捷生活行动方案》等政策文件，设立川渝高竹新区、遂潼川渝毗邻地区一体化发展先行区，推出首批成渝地区双城经济圈产业合作示范园区，川渝两省市将以新区和合作园区等为载体，探索经济区与行政区适度分离改革。在经济区内，体育产业将有望跳出行政区因追逐利益最大化而形成的无序竞争，进行资源的自由流动与要素的优化配置。

相较长三角、京津冀、粤港澳大湾区区域，成渝地区经济水平基础相对较弱，但前景可期。根据国家和各省市统计部门公布的经济数据，2022 年，京津冀、长三角和粤港澳大湾区 GDP 总量分别达到 10 万亿元、29 万亿元和 13 万亿元，约占全国比重的 43.3%；重庆和四川的 GDP 总量为 8.6 万亿元，占全国比重的 7.2%，虽然成渝地区较其他区域经济水平还存在一定差距，但其中重庆和成都作为成渝地区的首位城市，它们在全国城市 GDP 排名中分别位列全国第 4 位和第 7 位，已成为我国西部高质量发展的重要增长极，这为体育产业的发展提供了强大动力和坚实基础。

随着《成渝地区双城经济圈便捷生活行动方案》公布，以"川渝一盘棋"思维和一体化发展理念，两地在户口迁移、就业社保、教育文化等方面实施便捷行动；成渝两地高速公路提升至 13 条，高铁动车开行成渝城际 1 小时直达列车，重庆和成都两市公交、轨道"一码"通乘，川渝交通更加便捷、群众生活更加便利。成渝地区双城经济圈进行"放管服"改革合作，进一步激发市场活力和社会创造力。以上将为成渝地区体育产业互联互通、协同发展提供更大的空间，使体育企业有更好的营商环境，体育产业从业人员有更多的就业渠道，群众参与体育运动有更多的选择。

3.3 成渝地区体育产业的主要困境

在国家和地区体育产业政策的推动下,成渝地区体育产业迎来新的机遇,体育产业规模及对经济贡献强度增速较快,产业结构不断优化。随着我国经济由高速增长阶段转向高质量发展阶段,体育产业发展质量必然是未来成渝地区体育产业发展的重要内容。根据对成渝地区体育产业发展历程的回顾及当前现实基础的分析,一些不容忽视的问题与障碍对提高成渝地区体育产业的发展质量形成制约。

3.3.1 产业规模缺乏层次

成渝地区双城经济圈体育产业协同发展包含不同的发展主体和区域之间在发展过程中协作互动、优势互补,解决发展不平衡的问题,达到互利共赢、共同发展的效果。目前,成渝地区体育产业整体规模仍然较小,其中重庆和成都双核独大,四川其他地区体育产业总值呈现断崖式差距,次级增长极支撑力不强,体育产业层级梯度不合理,双城的辐射功能不明显。成都通过积极建设世界赛事名城,不断优化环境,加快体育产业发展。2020年,成都体育产业总规模为805.02亿元,占到全省总量的近1/2,而四川经济实力靠前的绵阳、宜宾、德阳、南充等城市都还未成长为体育产业的重要支撑,重庆和成都对成渝双城发展主轴中的资阳、遂宁、内江、永川、涪陵等市(区)的辐射带动作用亦未显现,成渝地区尚未形成中心城市与腹地或周边城市的"极化—扩散"效应。

3.3.2 产业布局与结构同质化发展

成渝地区双城经济圈体育产业布局和产业结构调整主要来自政府部门的产业规划,结合了区域体育产业的发展基础和自然资源的特色,但出现主导产业选择相似、发展方向雷同等问题。重庆和四川都提出了建设水上运动产业带和依托山地特色的户外运动产业带的产业布局,产业结构方面两地都集中在体育健身休闲活动和体育场地设施建设领域,具有专业化优势。根据区域经济发展经验,体育产业应该根据区域内各地的条件,形成同向目标,走合理分工、优化发展的路子,进一步明确体育产业转型升级的发展路径。成渝地区体育产业布局应根据因地制宜、协调发展的原则，依托地区体育资源禀赋实行差异化发展；体育产业结构应避免同质化带来的恶性竞争，突出主导细分产业在区域体育产业增长上的引领作用[①]，错位发展特色优势产业，联合发展潜在优势产业。

3.3.3 创新驱动能力不足

创新是引领体育产业发展的第一动力，是建设现代化体育经济体系的战略支撑，也是实现成渝地区双城经济圈体育产业高质量发展的必由之路。区域协同创新是指区域内各地区的科研机构、科研人员和科研项目协同合作，打造区域科技创新平台，实现各地区联动发展[②]。高等院校、科研院所是成渝地区体育产业协同创新的重要载体，在对成渝地区体育产业现实基础的梳理过程中发现，成渝地区拥有40余所体育人才培养高校、2个体育科学研究所，它们在体育产业领域联合培养科技创新人才、共同打造体育科技研发平台、实现体育科技成果转化等方面的合作交流还未取得重要成果；两地政府相关部门和企业在协同创新平台建设、体育产业创新项目孵化、市场资本引入等方面亦无明显建树。目前成都体育学院作为成渝地区唯一的体育专业院校已积极回应国家规划，联合西南大学发起成渝地区双城经济圈建设与"城市体育"发展论坛，后续相关部门、高校院所和企业应共同携手提升协同创新能力，为成渝地区体育产业协同发展提供高素质人才支撑和科技创新驱动。

3.3.4 发展环境有待优化

当前，成渝地区体育产业协同发展的外部系统拥有一定基础，政府出台相关政策支持、经济发展未来可期、川渝两地生活更便捷。成渝地区双城经济圈协同发展中也出现了中央高度重视，两地省级层面走在前列，各部门、各市县积极响应，而最底层实操层面的社会、企业和个人行动并不那么迅速的情况[③]。虽然成渝两地历史同脉、文化同源，但是由于多年来的行政区划阻隔，必然有一些竞争博弈。成渝地区体育产业协同发展机构刚刚建立，机制尚不完善，政府政策仍有滞

---

① 宋昱. 我国体育产业高质量发展的组织创新与布局优化研究[J]. 成都体育学院学报，2019，45（4）：15-22，127.
② 王志宝，孙铁山，李国平. 区域协同创新研究进展与展望[J]. 软科学，2013，27（1）：1-4，9.
③ 秦鹏，刘焕. 成渝地区双城经济圈协同发展的理论逻辑与路径探索——基于功能主义理论的视角[J]. 重庆大学学报（社会科学版），2021，27（2）：44-54.

后,将经历一段受阻、调整、优化的循环过程。

另外,成渝地区体育产业还存在市场、生活和技术的壁垒。由于地方保护、技术标准、地区商业惯例、巴蜀文化仍然存在差异,不可能在短期内实现一体化,所以建立体育产业信息和资源交易平台、打造具有影响力的自主体育品牌等还需要技术支撑,这些都影响着体育产业协同发展的进程。

小　　结

成渝地区体育产业发展历经成渝分治时期、成渝经济区时期、成渝城市群时期和成渝地区双城经济圈时期四个时期,从分治之初两地体育产业管理体制不规范,市场主体不成熟,缺乏明确的体育产业发展政策和规划,基本呈现自由随意、野蛮生长的状态,逐渐走向成渝两地政府牵头搭台、市场和社会开始融入双城经济圈的体育产业建设,自上而下地推进成渝地区双城经济圈体育产业合作,但关于体育产业区域战略统筹、市场一体化发展等稳固长效的协同发展机制还未建立,政府、中介组织、市场"三元"主体作用还未得到充分发挥。对2016—2020年成渝地区体育产业规模、产业布局、产业结构和外部环境的数据资料与政策文件等现实基础进行分析发现,在产业规模方面,成渝地区体育产业总规模持续增长,对经济贡献不断增强,但整体规模占全国比重较低;在产业布局方面,重庆提出了"一核两带多基地"的体育产业布局,四川提出了"一极三带五大发展区"的体育产业布局;在产业结构方面,成渝地区体育服务业总产值与增加值均高于全国水平,通过计算区位熵表明,体育健身休闲活动和体育场地设施建设在成渝地区具有专业化优势;在外部环境方面,政府政策、经济基础、社会发展等外部环境也影响着体育产业的发展。目前,成渝地区双城经济圈体育产业面临的主要困境包括:产业规模缺乏层次;产业布局与结构同质化发展;创新驱动能力不足;发展环境有待优化;存在市场、生活和技术的壁垒。

4 成渝地区双城经济圈体育产业协同发展的内涵、区域特征与演化阶段

本部分将讨论成渝地区双城经济圈体育产业协同发展的概念界定、确立依据及其作用过程，明确成渝地区双城经济圈体育产业协同发展的内涵，回答"协同发展是什么"的问题。根据区域协同发展时空演化阶段理论，通过分析区域体育产业协同发展的空间形态、协同内容与机制演化过程，从定性的视角判断成渝地区双城经济圈体育产业的演化阶段。

4.1 成渝地区双城经济圈体育产业协同发展的内涵

《成渝地区双城经济圈建设规划纲要》的正式发布让成渝地区双城经济圈建设有了明确的定位和目标。体育产业作为新时代经济发展新的增长点，是未来成渝地区双城经济圈体育协同和产业协同的着力点和试验田。基于第3部分对成渝地区体育产业发展历程的回顾及现实基础与主要困境的分析，协同发展是现阶段破除成渝地区双城经济圈体育产业发展困境的方式选择。对成渝地区双城经济圈体育产业协同发展的研究是对区域产业协同和区域体育产业发展研究的进一步拓展，分析成渝地区双城经济圈体育产业协同发展的内涵应体现其特有属性与区别性特征，具体包括成渝地区双城经济圈体育产业协同发展的概念界定、确立依据及其作用过程。

4.1.1 概念界定

协同学理论认为系统通过内部协同作用，可形成一定的有序结构或某种有组织性的功能[1]。协同是所有形式的组织共事以达成各种目标[2]，协同包括两个或多

---

[1] 王贵友. 从混沌到有序——协同学简介[M]. 武汉：湖北人民出版社，1987：3-5.
[2] JOE F D, KOZOLL C E. Collaborative program planning: Principles, practices, and strategies[M]. Melbourne: Krieger Publishing Co., 1999: 1-2.

个成员，每个成员都是主角，他们之间存在持久的关系和持续的互动，能提供资源，并对协同成果分担责任[1]。基于协同学理论，体育产业协同发展是将体育产业子系统联合起来，在协作、互补和整体的理念下组成一个自组织系统，使体育产业发展从无序到有序，从低端到高端，实现"1+1>2"的整体效应[2]。

产业协同是一个相互联系的开放系统，需要丰富的要素配给和环境支持[3]，一般是指在受到科技、经济、环境、社会、资源等因素的作用下，产业或产业群彼此之间协调合作形成一种结构有序的过程，是多个产业及其相关的子产业在发展过程中相互配合、相互协调[4]，主要包括产业内企业间的协同、跨产业间的协同和产业主体间的协同[5]。

由于成渝地区双城经济圈体育产业范围包含各子区域和区域内的各要素，协同作用不仅发生在各子区域之间、子区域内部的各要素之间、体育产业各要素的区域之间，还包括体育产业系统与外部系统的协同。多层次、多维度的协同运动共同决定着区域体育产业系统的宏观演变。成渝地区双城经济圈体育产业协同发展应该包含体育产业系统与外部系统的有效协同、区域内不同地域间体育产业的有效协同、体育产业内各子系统的有效协同。本研究关注的是成渝地区双城经济圈区域内不同地域间体育产业及体育产业内各子系统的协同发展。

综上，本研究认为成渝地区双城经济圈体育产业协同发展是一个包括多个主体的开放系统，区域范围内的各地区以体育产业高质量发展为目标，秉承互利共赢、共同发展的理念，通过持久的关系和持续的互动，促进区域内体育产业互相协调与优化配置，构建起高效分工、错位发展、有序竞争、相互融合的现代体育产业体系，逐渐形成有序结构的过程。

4.1.2 确立依据

为什么成渝地区双城经济圈体育产业应选择协同发展？这是基于现阶段成渝地区双城经济圈体育产业的发展基础与面临的困境，也是源于成渝地区双城经济圈体育产业的特殊性与协同发展的必然性。

---

[1] PETERS B G. Managing horizontal government: The politics of coordination[J]. Public administration, 1998, 76(2): 295-311.
[2] 肖婧莹，周良君. 粤港澳大湾区体育产业协同发展：困境与出路[J]. 中国体育科技，2019，55（12）：5-11.
[3] 魏丽华. 京津冀产业协同发展问题研究[D]. 北京：中共中央党校，2018.
[4] 孙虎，乔标. 京津冀产业协同发展的问题与建议[J]. 中国软科学，2015（7）：68-74.
[5] 王兴明. 产业发展的协同体系分析——基于集成的观点[J]. 经济体制改革，2013（5）：102-105.

近年来，成渝地区体育产业总规模持续增长，对经济的贡献不断增强，但体育产业规模缺乏层次、产业布局与结构发展同质化、创新驱动能力不足、发展环境受到行政区划的阻隔等问题阻碍了成渝地区双城经济圈体育产业高质量发展目标的实现。协同发展将从体育产业系统整体出发，将子系统与各要素的功能协同起来，使它们相互作用，推动各地区体育产业互相协调与优化配置，这将有利于转变体育产业发展规模分布、优化体育产业布局、调整体育产业结构等，破除现阶段成渝地区双城经济圈体育产业发展面临的困境。

目前我国体育产业呈现出"沿海强内陆弱"的不均衡发展特点，区别于国内具有代表性的长三角、京津冀及粤港澳区域，成渝地区双城经济圈体育产业发展具有其特殊性。一是成渝地区体育产业发展极不平衡。空间集中化是区域经济发展的一般规律，成渝地区体育产业极化现象日益突出，除重庆和成都外的其他地区的体育产业总值呈现断崖式差距，次级增长极支撑力不强，甚至存在体育自然资源与体育民族文化资源丰富但经济欠发达导致体育产业发展落后的地区。协同发展能实现重庆和成都两个国家中心城市体育产业"双核引领"的优势带动作用，最终形成成渝地区不同层级地区体育产业高质量发展的局面。二是以"经济圈建设"为目标的战略定位。我国长期以来按照行政区域进行生产资料布局，成渝地区体育产业在独特的双核椭圆多圈层结构下，通过经济圈背景下的协同发展，寻找打破行政的"樊篱"、激发体育产业生产要素合理流动与高效集聚的路径方法，可以尝试打造具有巴蜀特色的区域体育市场体系。三是成渝地区地处我国内陆腹地，是带动我国西部地区体育产业发展的战略引擎。在以国内大循环为主体、国内国际双循环相互促进的新发展格局下，通过体育产业协同发展进一步扩大内需，成渝地区的人口密集和对西部市场的辐射方面具有一定优势。

在区域体育产业发展进程中会涉及协调发展、协同发展与一体化发展。区域体育产业协调发展以区域差距为主题，强调体育产业系统运动发展变化的状态与结果，突出缩小区域差距，注重各区域间的合理调控和配置，系统各要素之间统一服从和贡献于区域体育产业发展这一目标。区域体育产业协同发展是不同的发展主体或区域之间，以及其内部各子系统、各种要素之间，在发展过程中协作互动、优势互补、协调发力，达到互利共赢、共同发展的效果。区域体育产业一体化是指彼此独立地提供体育产品和服务的供给体系，因某种方式的影响实现互相合作和包容的统一产业体系的过程[①]。一体化强调市场整合下的要素自由流动，涉及区域间体育产品及服务的互动和融合，侧重于体育市场一体化，即整合形成统一的区域体育市场，关注的是体育市场一体化进程中如何弱化地方保护主义、消除贸易壁垒、降低市场分割程度和增强经济联系等方面。根据成渝地区体育产业的发展基础、主要困境及特殊性，现阶段关注的核心不是以区域差距为主题，也尚未进入侧重于体育市场一体化建设的阶段，而是重点聚焦在体育产业各子系统、要素之间的竞争与合作协同运动，促进体育产业系统逐渐形成新的结构状态，达到高质量发展的目标。因此，现阶段成渝地区双城经济圈体育产业实行协同发展是必然选择。

4.1.3 作用过程

根据自组织理论和系统科学思想，系统是由子系统或要素相互作用构成的有机整体，子系统或要素之间会自行形成无规则的运动或由于相互影响形成关联运动，两种运动会导致系统不同的演化趋势。当无规则的运动成为主导时，系统会呈现无序状态；当要素间的关联运动成为主导时，系统会从无序状态向有序状态转化，这一过程就是协同作用的产生。有序状态的出现取决于序参量的出现或产生，序参量来源于要素之间的协同合作，是所有要素对协同运动的贡献的总和，它既反映要素介入协同运动的程度，又支配着要素的行为，描述着相变过程中系统的有序程度[②]。序参量不止一个，它们之间也存在竞争与协同，这些因素促进系统的演化，使其发展到更高级的有序状态。

根据分析，成渝地区双城经济圈体育产业协同不是一个孤立的或封闭的系统，而是涵盖社会、经济、环境等多个方面，需要不断地从各系统中汲取能量进行物质交换，进而维持体育产业系统的动态性、整体性和均衡性，呈现开放、远离平衡状态、非线性相互作用和涨落现象的耗散结构。成渝地区双城经济圈体育产业协同就是在一定条件下，成渝区域内各子系统从追求各自独立的体育产业发展，由于外部环境和自身需求发生变化，逐步演化为追求子系统之间体育产业的相互促进、共同发展，形成高效和高度有序化的整合，达到互利共赢的过程（图4-1）。

[①] 李艳荣，张长念. 区域协同发展战略下京津冀体育产业一体化发展研究[J]. 广州体育学院学报，2019，39（1）：40-44.
[②] 王力年. 区域经济系统协同发展理论研究[D]. 长春：东北师范大学，2012.

成渝地区双城经济圈体育产业协同发展的内涵、区域特征与演化阶段 | 4

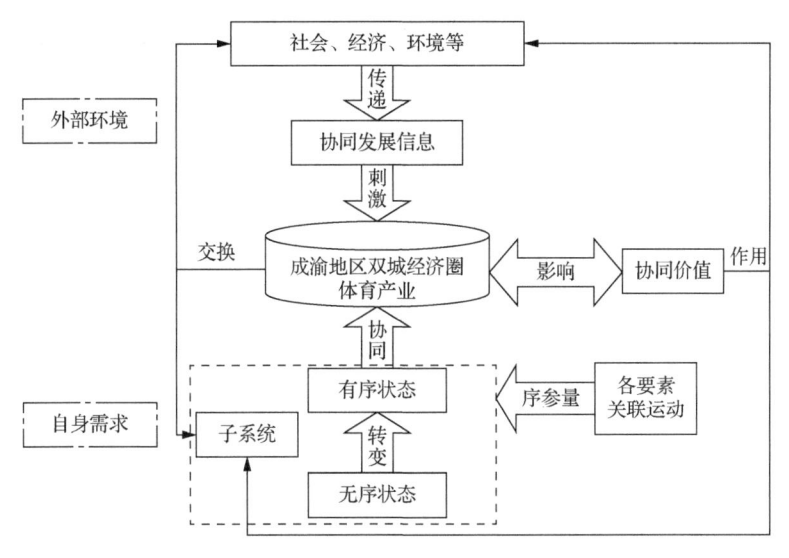

图 4-1 成渝地区双城经济圈体育产业协同作用过程

协同发展的体育产业体系应该有统一的协同发展目标和规划，共同形成统一的区域体育市场。体育商品及生产要素可以自由流动与优化组合，区域之间具有高效的组织协调与运作机制。成渝地区内部各子系统之间是平等和相互开放的，同时也向外部系统开放。子系统之间内向协同影响自身发展和成渝地区体育产业增长，与外部系统的对接和互动带来的外向协同同样有利于成渝地区体育产业增长。

4.2 成渝地区双城经济圈体育产业协同发展的区域特征

区域体育产业经过多年的发展，全国及各具代表性区域形成的不同态势和特征，将成渝地区双城经济圈体育产业纳入全国范围考察，并与国内有代表性的区域进行对比，可以从实践经验上为成渝地区双城经济圈体育产业的发展水平提供参照。

4.2.1 全国区域差距阶梯分布

区域化是全球经济发展的重要趋势，由于历史、地理、政治、经济等因素的作用，我国各区域逐渐形成各具特色的体育产业发展道路。我国体育产业自 20 世纪 80 年代起步，到 90 年代初获发展，直到 2013 年开展全国第三次经济普查，才系统地梳理了2004—2013年的体育产业相关数据,反映了我国体育产业的变化趋势。随着2014年国务院印发《国务院关于加快发展体育产业促进体育消费的若干意见》、2015年国家统计局重新修订并颁布了《国家体育产业统计分类》,我国体育产业相关统计数据日益完善,客观地展示了全国及各省市体育产业的发展规律与趋势。

改革开放以来,党中央从国家综合国力提升和区域协调发展两个维度出发,实施了西部大开发、东北振兴、中部崛起、东部率先等一系列区域发展战略。体育产业在区域发展历程中也充分契合国家的区域发展战略,呈现出与区域经济发展水平一致的特征。从2015年开始的数据资料分析中可以看出我国体育产业发展的区域特征,全国体育产业发展水平呈现东、中、西部区域间差距阶梯分布态势,2019年仍然是东部地区优势明显,中部地区强于西部地区,西部地区远低于全国水平(表4-1)。

表4-1　2015年和2019年各省份体育产业增加值

省份	区域	2015年 增加值/亿元	2015年 增加值占GDP比重/%	2019年 增加值/亿元	2019年 增加值占GDP比重/%
福建	东部	1061.56	4.09	1704.16	4.02
广东	东部	999.7	1.37	1884	1.75
江苏	东部	879.81	1.25	1570.94	1.58
山东	东部	606.74	0.96	1078.45	1.53
浙江	东部	463.35	1.08	845.5	1.35
上海	东部	351.22	1.4	558.96	1.5
湖北	中部	325.67	1.1	—	—
河北	东部	254.25	0.85	540	1.54
四川	西部	246.2	0.82	602.61	1.29
北京	东部	212	0.92	345.4	0.97
辽宁	东部	209.5	0.73	361.76	1.46
湖南	中部	194.28	0.67	443.03	1.11
河南	中部	185.05	0.5	514.26	0.94
内蒙古	中部	138.84	0.78	145	0.9
重庆	西部	127.38	0.81	213.55	0.9

续表

省份	区域	2015年 增加值/亿元	2015年 增加值占GDP比重/%	2019年 增加值/亿元	2019年 增加值占GDP比重/%
安徽	中部	118.55	0.54	437.6	1.2
黑龙江	东部	115.24	0.76	—	—
天津	东部	88.34	0.53	164.47	1.17
江西	中部	87.54	0.52	305.35	1.3
广西	西部	71.8	0.43	—	—
山西	中部	58.52	0.46	—	—
陕西	西部	51.1	0.28	—	—
贵州	西部	34.16	0.33	113.11	0.67
新疆	西部	30.67	0.33	—	—
云南	西部	15.67	0.12	—	—
宁夏	西部	9.37	0.32	—	—
青海	西部	8.38	0.35	—	—
西藏	西部	3.88	0.38	—	—

资料来源：据各省份体育产业总规模与增加值数据公告；赵轶龙，戴腾辉. 我国体育产业发展过程中的区域性特征分析——基于现有省际数据[J]. 中国体育科技, 55（4）: 31-42, 80.

注：部分省份未查询到2019年公开数据（截至2021年8月）。

在2015年全国体育产业增加值排名前十的省份中，东部地区占八个，中部地区和西部地区各一个；在2019年排名前十的省份中，东部地区占七个，中部地区两个，西部地区一个，其中福建体育产业增加值占GDP比重高达4%以上，远超全国平均水平，甚至超过了世界体育强国水平，主要是由于福建的体育用品制造和销售比较发达。广东由于良好的经济基础，体育产业总规模及增加值优势非常明显。长三角地区的江苏、浙江、上海的体育产业增加值占GDP比重都高于全国水平。

2015—2019年，随着《国务院关于加快发展体育产业促进体育消费的若干意见》巨大的推动作用，我国体育产业快速发展，4年间我国体育产业从东至西由强到弱依次递减的阶梯分布差距特征未得到明显改变。具有代表性的区域京津冀、长三角、成渝地区各省份体育产业总规模和增加值基本实现翻一番（表4-2）。从总体来看，东部经济发达地区的体育产业规模仍然占据绝对领先地位，2019年长三角地区的体育产业总规模达10202.46亿元，占当年全国体育产业比重1/3以上。

表 4-2　2015 年和 2019 年主要区域体育产业发展对比

区域		2015 年			2019 年		
		总规模/亿元	增加值/亿元	增加值占GDP比重/%	总规模/亿元	增加值/亿元	增加值占GDP比重/%
京津冀	北京	1063.1	212	0.921	—	345.4	0.97
	河北	836.19	254.25	0.85	1527.4	540	1.54
	天津	295.83	88.34	0.53	563.17	164.47	1.17
长三角	上海	910.13	351.22	1.398	1780.88	558.96	1.50
	江苏	2805.51	879.81	1.255	4620.42	1570.94	1.58
	浙江	1507.83	463.35	1.08	2614.76	845.45	1.35
	安徽	366	118.55	0.54	1186.4	437.6	1.20
成渝	重庆	262.78	127.38	0.81	504.72	213.55	0.90
	四川	689.1	246.2	0.819	1582.68	602.61	1.29

资料来源：根据各省份体育产业规模及增加值数据公告整理，其中未查询到 2019 年北京体育产业总规模公开数据（截至 2021 年 8 月）。

4.2.2　代表性区域各具特色

2015 年，中国政府工作报告首次把"一带一路"、长江经济带和京津冀协同发展明确为"三个支撑带"。随着全球政治经济格局与中国经济发展的新趋势，中国经济由高速增长阶段转向高质量发展阶段的新态势，党中央提出了京津冀协同发展、长江经济带、粤港澳大湾区和长三角一体化的"四个支撑带"范畴。根据中央区域协调发展战略空间布局，京津冀、粤港澳、长三角作为国内发育程度最高的三大城市群，肩负着支撑全国经济高质量发展的重任，其体育产业发展充满机遇，经过多年积淀，逐渐形成各具特色的区域特征。

1. 京津冀地区错位互补

在北京夏季和冬季奥运会的影响下，在市场力量的引导与政府政策的推动下，京津冀体育产业发展速度较快，但内部差别较大，北京、天津和河北两市一省发展不平衡,产业规模整体不大,产业结构不合理[①]。体育产业总规模自北京、河北、天津依次递减,且天津整体规模较小,体育产业增加值及其对经济的贡献程度增长率由北京、天津、河北依次递减。北京凭借首都的区位优势汇聚了各方体育资源,高端产业聚集,目前对于天津和河北而言,其虹吸效应大于辐射带动作用。

北京作为国家首都,是我国的政治中心、文化中心、国际交往中心、科技创新中心,也是重要的国家中心城市,其体育产业目前还处于不断成长的时期,体育消费需求旺盛、体育场馆丰富,但体育自然资源比较稀少,体育市场活力尚未得到充分激发。天津是我国的直辖市,也是国家中心城市,其经济基础较好,体育消费需求较高,体育资源比较丰富,但存在发展不平衡不充分、有效供给不足等问题,天津体育产业目前还处于发展初期。河北地域广阔、体育资源丰富,但仍存在总量不大、质量不高、产业人才缺乏等一系列短板,目前还处于发展初期。

京津冀体育产业协同发展方面,2014年7月两市一省体育局签订了《京津冀体育协同发展议定书》,三地在共同打造体育服务业重点项目、联合申办和承办高水平体育赛事活动、建立京津冀体育产业工作联席会议制度等六个方面展开合作,但由于两市一省产业基础差距较大,特别是北京体育产业竞争力强,虹吸效应加剧了体育产业发展不平衡,三地合作仍存在地区利益障碍、体制机制障碍、文化与思想障碍及人才培养理念障碍等因素。2022年北京冬奥会的成功申办加速推进了京津冀体育产业的合作,北京城市副中心与雄安新区两翼齐飞的战略布局,进一步加强了北京与天津、河北两地的联动。目前两市一省已建立体育产业资源交易平台及体育场地网络信息服务平台,三地体育部门通过建设京张体育文化旅游带、统一制(修)订京津冀区域协同体育标准化、对接京津冀体育产业协同发展重点项目等工作,以统筹规划、密切协同、支持引导、资源整合等保障措施积极推进工作项目的落地实施。随着2022年北京冬奥会的举办,两市一省进一步明晰城市功能定位,打造互补互促的体育产业体系,推动京津冀体育产业错位发展。

2. 粤港澳大湾区跨境合作

《粤港澳大湾区发展规划纲要》中提出,共同推进大湾区体育事业和体育产业发展,联合打造一批国际性、区域性品牌赛事;推进马匹运动及相关产业发展,加强香港与内地在马匹、饲草饲料、兽药、生物制品等进出境检验检疫和通关等

[①] 陈晓丹. 雄安新区建设背景下京津冀体育产业一体化发展研究[J]. 南京体育学院学报(社会科学版),2017,31(4):38-44.

方面的合作。粤港澳三地地理位置相近而各有优势，体育产业组织、产业结构、产业布局、产业政策各不相同，在"一个国家、两种制度、三个关税区"背景下，粤港澳大湾区体育产业面临突破行政阻隔、区域限制和体制障碍等困境。目前粤港澳大湾区体育产业发展不均衡[1]，香港、澳门、广州相较于大湾区其他城市，体育产业发展更具有优势。

香港拥有得天独厚的金融环境和政策环境，体育产业活跃度高、市场化运作程度高、民众关注度高、国际影响力强[2]，体育康乐设施基础良好，赛马和帆船运动项目商业化运作成熟，精英体育通过实施"优才计划"、推进职业化全职运动员等措施大幅提升竞技实力，盛世体育通过"M"品牌计划、基金支持等提高香港体育赛事的国际影响力，但香港的体育运动项目类型相对单一，由于地价高、人工贵，大型体育场馆建设和体育人力资源受到一定限制。澳门是著名的旅游城市，中西方文化相结合的背景为体育产业提供了多元化发展基础。澳门以体育博彩为核心的体育旅游施政方针，促使体育消费市场不断扩大，但存在体育博彩市场饱和、同类赛事竞争激烈、职业体育投入不足、休闲体育元素不足等问题[3]。广东作为我国改革开放的前沿，经济发展水平位居全国前列。2019年，广东体育产业总规模达到5403亿元，体育产业增加值1884亿元，占GDP比重达1.75%，体育产业总规模、增加值、GDP占比等主要数据位居全国第一，总规模占比近全国的1/5，产业结构持续优化，产业主体多元壮大，产业示范效应凸显，但创新能力不足、全民健身需求与产业发展不协调、粤东粤西粤北区域发展不平衡[4]等问题仍存在。

在粤港澳大湾区体育产业协同发展方面，粤港澳大湾区经济总数跻身"世界第三大湾区"，产业发展经济基础雄厚。2019年，谭建湘教授在中国（广州）体育产业创新大会上提出科技转型将为中国体育产业提供重要支撑，粤港澳大湾区将成为中国体育产业中的庞大"航母"。目前粤港澳大湾区体育产业协同主要集中在体育赛事方面，体育产业的其他业态交流与合作较少且形式较单一，体育运动项目类型不多，体育团体偏少；合作地区主要集中在广州、深圳和香港等核心城市，其他城市间的合作相对匮乏[5]；大湾区联动发展机制有待完善，体育产业资源

---

[1] 肖婧莹，周良君. 粤港澳大湾区体育产业协同发展：困境与出路[J]. 中国体育科技，2019，55（12）：5-11.
[2] 陈飞. 粤港澳大湾区体育产业区域特征与发展研究[J]. 广州体育学院学报，2020，40（5）：9-11，15.
[3] 黄逸聪. 浅析澳门体育产业现状与发展对策研究[C]//中国体育科学学会体育产业分会. 第三届全国体育产业学术会议文集. 北京：中国体育科学学会，2008：1.
[4] 陈灿. 全民健身背景下广东省体育产业发展的提升路径[J]. 湖北体育科技，2019，38（6）：475-477，513.
[5] 周良君，肖婧莹，陈小英，等. 粤港澳大湾区体育产业协同发展研究[J]. 体育学刊，2019，26（2）：51-56.

自由流动有待推进，体育产业数据、信息共享平台有待建设。随着《粤港澳大湾区发展规划纲要》等系列文件的推动，相关政策进一步修改完善，为加快推动粤港澳大湾区体育产业发展做好顶层设计，结合大湾区体育产业的开放性和系统性特点，在"一个国家、两种制度、三个关税区"异质性跨境合作背景下，充分发挥各地优势，体育产业发展潜力巨大。

3. 长三角地区一体化建设

作为国内最早开展体育产业区域合作的地区，长三角体育产业对培育区域经济增长新动能的贡献日渐突出，已成为我国体育产业的重要增长极。根据2014年以来的统计数据，长三角体育产业总规模和增加值持续增长，产业结构不断优化，体育企业数量迅速增加，体育市场活跃，职业俱乐部和国际体育品牌数量全国领先，人均体育场地面积远远高于全国水平。但长三角体育产业存在分工水平偏低、专业优势导致产业同构[1]、主导产业极化效应不足等问题。

上海积极进行全球著名体育城市建设，使体育产业成为经济转型升级的新增长点，总体发展水平走在全国前列，逐渐形成以竞赛表演业和健身休闲业为驱动，以体育用品商贸为支撑，体育场馆、体育培训、体育中介、体育传媒等各类业态蓬勃发展的态势，但相较全球著名体育城市，上海体育产业在体育赛事格局、体育场地设施、体育资源配置能力、体育科技支撑等方面仍有差距[2]。浙江体育产业快速发展主要依托市场主体的力量，尤其是引导扶持社会资本办体育，是浙江体育产业的特色。浙江民营资本参与竞赛表演、用品制造和运动休闲领域较早，基于良好的互联网信息技术基础，与体育产业深度融合发展较快，但存在盲目的数量追赶和规模扩张问题[3]，体育产业创新驱动能力有待加强。江苏体育产业发展稳步提升，产业结构布局不断优化，产业发展环境不断向好，产业发展活力不断提升，县域体育产业发达，体育市场空间广阔，人口众多，集聚效应突出，政府政策、人口密度、经济基础和地理位置对体育产业发展影响较大[4]。江苏体育产业整体发展呈现南强北弱的态势，体育企业分布分散且规模较小，体育需求旺盛但供给不足。安徽体育产业发展取得一定成绩，以打造具有安徽特色的品牌赛事和品

---

[1] 钟华梅，王兆红. 长三角区域体育产业分工与合作研究[J]. 中国体育科技，2021，57（3）：80-86.
[2] 黄海燕，徐开娟，陈雯雯，等. 全球城市视角下上海体育产业发展研究[J]. 体育学研究，2019，2（2）：58-65.
[3] 王钟云，张剑利. 健康中国背景下浙江体育产业高质量发展研究[J]. 浙江体育科学，2019，41（3）：27-31，88.
[4] 饶清秀子，毛爽. 江苏省体育产业集聚表征、驱动因素及均衡对策[J]. 湖北体育科技，2021，40（1）：20-25.

牌产品为重点，成功举办了"健康安徽"环江淮万人骑行大赛、黄山论剑武术大赛等系列自主品牌赛事活动，带动体育旅游产业多元化发展，促进地方城市基础设施建设和体育消费，但仍存在产品结构单一、人才结构不合理、发展区域结构失衡等问题[①]。

长三角体育产业协同发展已取得亮眼成绩并积累了丰富经验，正在稳步推进体育产业的区域一体化发展，产业协作被正式写入《长江三角洲区域一体化发展规划纲要》，三省一市共同印发《长三角地区体育一体化高质量发展的若干意见》。在打造区域体育产业协同联动发展的典范过程中，始于2012年的长三角地区体育产业协作会功不可没，在发展中逐步形成"三省一市一院"相对稳定的合作格局，各单位充分利用各自要素禀赋，立足最有优势的产业领域，不断推动区域体育产业协同发展，逐步完善政府部门、社会组织、企业单位的协调发展机制，在体育产业顶层规划设计、区域赛事举办、资源优化配置、要素融合发展、新兴业态培育、产学研融合发展等方面为我国其他区域提供了样板和示范。通过多年协同发展，三省一市的体育产业在合作中求同存异，上海体育竞赛产业发达，国际体育品牌云集；浙江高端装备制造与运动休闲并驾齐驱；江苏体育彩票全国领先，体育制造实力雄厚；安徽体育旅游资源非常丰富，后发优势很足。未来长三角将从推动区域规划衔接和联动发展、推进落实全民健身国家战略、促进区域竞技体育联动发展、打造体育产业协同发展典范、形成体育赛事协调发展新格局五个方面发力，成为全国体育产业高质量发展的先行者。

4.2.3　成渝地区双核独大、中部塌陷、两翼不振

《成渝地区双城经济圈建设规划纲要》中提出成渝两地要共享教育文化体育资源，包括共同推进体育事业发展。近年来，成渝地区体育产业规模虽然持续保持增长态势，但从区域内各地发展特征来看，主要呈现双核独大、中部塌陷、两翼不振的特点，其中成都作为四川省会、成渝地区的两个极核之一，体育产业发展规模和增量甚至超过了整个重庆的水平，体育产业的双核一大一小似葫芦状分布。

根据成渝各地的体育产业数据资料，成都体育产业增加值已突破300亿元，占据四川的50%，具有绝对领先优势。作为四川加快推动成渝地区双城经济圈建设重点培育壮大的七大区域中心城市——绵阳、德阳、乐山、宜宾、泸州、南充、

[①] 余少兵，朱莉. 城市现代化进程中安徽省体育产业结构优化研究[J]. 湘南学院学报，2018，39（5）：111-114.

达州,虽然体育产业增加值都位列四川前列,但七个城市体育产业增加值在全省的总占比仅为30%,其中排名第二位和第三位的宜宾和绵阳的体育产业总规模和增加值都远低于成都,2019年增加值仅占全省的6.45%和5.84%(表4-3)。

表4-3 2018年和2019年成渝各地体育产业增加值

地区	2018年 增加值/亿元	2018年 全省占比/%	2019年 增加值/亿元	2019年 全省占比/%
重庆	185.82	100	213.55	100
成都	267.72	50.48	300.88	49.93
宜宾	32.09	6.05	38.85	6.45
绵阳	29.39	5.54	35.19	5.84
南充	21.16	3.99	24.67	4.09
德阳	21.23	4	24.45	4.06
泸州	19.31	3.64	21.98	3.65
达州	18.25	3.44	20.3	3.37
乐山	16.83	3.17	19.58	3.25
遂宁	13.54	2.55	15.85	2.63
广安	12.13	2.29	13.53	2.25
眉山	11.45	2.16	13.13	2.18
自贡	10.86	2.05	11.83	1.96
广元	8.81	1.66	9.83	1.63
凉山	8.56	1.61	9.53	1.58
内江	8.58	1.62	9.47	1.57
攀枝花	7.52	1.42	8.13	1.35
巴中	4.93	0.93	5.45	0.9
资阳	4.93	0.93	5.42	0.9
雅安	4.59	0.87	5.33	0.88
甘孜	4.4	0.83	4.75	0.79
阿坝	4.06	0.76	4.47	0.74

资料来源:根据重庆和四川体育产业总规模与增加值数据公告、《2019年四川省体育产业增加值测算及其对经济发展贡献分析报告》数据整理。

双城经济圈发展新格局构建过程中提出要推动重庆成都双核引领相向发展,强化重庆都市圈与成都都市圈的互动,做强成渝发展主轴,推动渝东北川东北地区、川南渝西地区两翼发展。目前,成渝发展主轴上的节点城市遂宁通过打造蓝色水上运动产业带,建设环观音湖运动娱乐服务圈和东西山城市户外运动服务圈,体育产业取得一定成效,但从全省来看只处于中间水平,而发展主轴上的内江和资阳的体育产业发展相对滞后,资阳对全省体育产业的贡献率不足1%。在成渝地区双城经济圈北翼的渝东北川东北地区,主要以南充和达州为代表,通过体育与旅游、生态、休闲等深度融合,打造"体育+"产业联动发展模式,虽然两市体育产业增加值位于全省前列,但占全省比重仍然较低。位于成渝地区双城经济圈南翼的川南渝西地区,宜宾体育产业发展较好,通过做大健身休闲产业、繁荣竞赛表演产业,不断推进体育服务业发展。宜宾体育产业增加值位列全省第二位;泸州以《泸州市体育产业专项规划(2017—2025年)》为指导,加大体育场馆建设,打造地区品牌赛事,开展群众性体育活动,在努力争创全省和成渝地区经济副中心的进程中不断推进体育产业发展,但宜宾和泸州对全省体育产业的贡献率仍然不高。因此,成渝地区体育产业呈现重庆和成都双核独大、中部发展主轴城市规模较小、经济圈南北两翼城市次级增长极支撑力不足的区域特征。

虽然成渝地区体育产业的发展是一个非均衡的过程,具有较好的体育资源、制度环境及创新能力的重庆和成都的发展水平较高,但是四川其他地区的体育产业总值呈现断崖式差距。作为成渝地区体育产业的增长极,理应通过极化和扩散作用来带动成渝地区体育产业的增长。现阶段成渝地区亟须培育两地发展主轴及南北两翼地区的次级增长极,逐渐形成由点到轴、由轴到面的演变过程。

4.3 成渝地区双城经济圈体育产业协同发展的演化阶段

我国区域体育产业的协同发展不是一蹴而就的,只有厘清其空间次序和时间阶段,反映协同发展的演化过程,总结协同发展所处阶段,才能更好地为协同发展水平判别提供依据。区域经济学家费里德曼的区域空间结构演变理论认为,区域空间结构的演变可以分为四个阶段:均质无序的前工业阶段、单个中心外围结构的过渡阶段、若干规模不等中心外围机构的工业化阶段和一体化空间结构体系的后工业化阶段[1]。李国平和王志宝基于自然禀赋、地理区位、市场发育程度、生态环境、体制创新等影响因素总结我国区域空间结构演化态势,目前东部沿海地

---

[1] FRIEDMANN J R. Regional development policy: A case study of Venezuela[M]. Cambridge: MIT Press, 1966: 8-12.

区为多中心的网络化模式，中部地区大多处于"点轴"系统发展阶段，西部地区停留在"极核集聚"发展阶段①。基于孙久文和原倩结合我国经济发展特色提出的中国城市群协同发展时空演化阶段理论，按照空间形态、动力机制、协同内容及关键环节将区域协同发展分为使动阶段、自动阶段和协同阶段②。根据我国体育产业协同发展实践形成的不同态势和特征，可以将体育产业协同发展的时空演化阶段划分为使动、自动、协同三个阶段（表4-4）。

表4-4　体育产业协同发展的时空演化阶段

演化阶段	空间形态	协同内容	协同机制
使动阶段	两端化	体育产品市场与公共交通	政府推动
自动阶段	转向扁平化	体育要素市场与公共服务	市场配置与政府保障相结合
协同阶段	扁平化	体育产业政策与资本市场	市场配置、政府保障与社会组织协调三元一体

协同发展的使动阶段，空间结构呈现两端化，由于经济基础薄弱，只崛起一个增长极。在极化作用的影响下，核心城市和边缘城市存在显著差异。这一阶段的动力机制主要来自政府推动，为抵抗核心地区的极化作用，地方政府选择贸易保护，形成体育市场的分割。这一阶段的协同内容主要通过政府的政策机制打破地方贸易封锁，推动体育产品市场和公共交通的一体化建设。

协同发展的自动阶段，空间结构由两端化逐渐向扁平化转变，由于中心城市的聚集作用不断增强，成本增加、利润变小，市场配置的作用逐步显现，企业逐渐选择由中心城市转向次中心城市，中心城市出现涓滴效应，地区间差距缩小，地区间的体育公共服务落差限制了要素的自由流动。这一阶段的协同内容主要是政府配合市场机制，提升体育公共服务和基础设施水平，保障体育产业转移和要素流动。

协同发展的协同阶段，空间结构进入扁平化阶段，中心城市功能疏解，边缘城市活力增强，区域体育产业内部分工与联系不断增强，地区间功能互补、产业衔接顺畅，形成市场、政府、社会组织三元一体协调发展的机制。这一阶段的协

---

① 李国平，王志宝. 中国区域空间结构演化态势研究[J]. 北京大学学报（哲学社会科学版），2013，50（3）：148-157.
② 孙久文，原倩. 京津冀协同发展战略的比较和演进重点[J]. 经济社会体制比较，2014（5）：1-11.

同内容主要是通过长效的区域协调机制推进体育资本市场和区域体育产业政策一体化发展。

我国经过多年的区域体育产业发展,从实践经验中总结全国及各具代表性区域形成的不同态势和特征。为了验证协同发展时空演化阶段理论对成渝地区双城经济圈体育产业协同发展演化阶段的适用性,本节再次将成渝地区与国内有代表性的区域体育产业一同进行分析,可以为成渝地区双城经济圈体育产业的发展水平提供参照,根据空间形态、协同内容与机制,对四个代表性区域的体育产业协同发展阶段作出基本判断。

4.3.1 空间形态

我国各主要区域体育产业总规模和增加值都存在明显差异(图 4-2 和图 4-3)。2015 年,京津冀地区在体育产业总规模和增加值上的倾斜度都非常大。北京作为区域中心城市,其体育产业发展水平远高于天津,呈现出单中心、两端化的空间形态。据 2019 年相关数据资料,河北和天津的体育产业总规模分别为 1527.4 亿元和 563.17 亿元,从总量来看,它们之间的差距仍然很大,但河北和天津的体育产业增加值对经济的贡献差距在不断缩小,体育产业增加值占 GDP 比重分别为 1.54%和 1.17%(截至 2021 年 8 月,北京尚未公布 2019 年体育产业相关数据),京津冀地区体育产业发展过程中的区域差距趋于缩小,空间形态逐渐向扁平化转变。

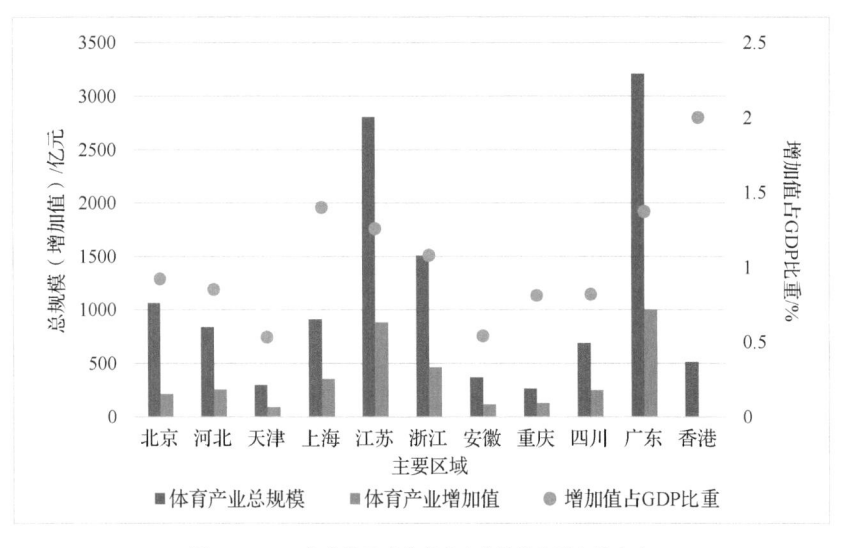

图 4-2 2015 年主要区域体育产业总规模与增加值分布

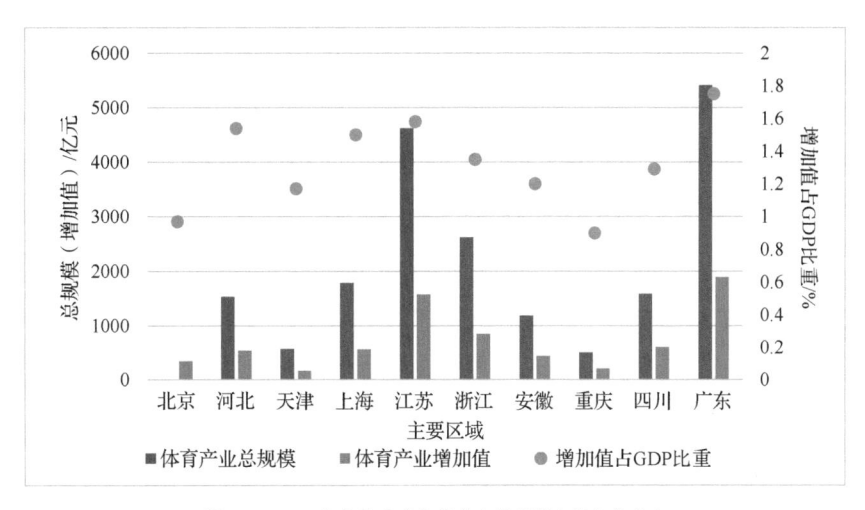

图 4-3　2019 年主要区域体育产业总规模与增加值分布

2015 年，长三角三省一市体育产业增加值占 GDP 比重的倾斜度也较大，上海位居第一，与安徽相差近 0.9 个百分点，而在体育产业整体规模方面，江苏遥遥领先，是居于末位的安徽 7.5 倍之多，空间形态呈现双中心、两端化的特点。2019 年，虽然长三角地区在体育产业总规模和增加值总量上江苏仍然领先，但三省一市 4 年间的增幅趋于平均，达到 40%左右，其中安徽的增长速度最快，体育产业增加值占 GDP 比重的差距相对平缓，多中心、扁平化的空间形态初步形成。

粤港澳地区由于市场化机制发育良好，在空间结构方面呈现"双核心+次核心+边缘"格局，以香港、广州为核心，深圳、澳门、东莞、佛山为次核心，其他周边城市为边缘区[1]。2015 年，广东体育产业总规模领先，但香港增加值中的 GDP 占比达到 2%。2019 年，广东体育产业总规模、增加值、GDP 占比等主要数据位居全国第一，总规模占比近全国的 1/5（截至 2021 年 8 月，香港尚未公布 2019 年体育产业相关数据，澳门未查询到公开数据）。

成渝地区体育产业空间形态呈现双中心、两端化的特点。2015 年和 2019 年四川体育产业总规模均高于重庆，但四川的体育产业发展主要来自省会成都的贡献，占比达到全省的 1/2 左右，成都体育产业总规模、增加值高于重庆全市水平，四川和重庆尚未出现其他有影响力的次级中心城市。

---

[1] 周良君，丘庆达，陈强. 粤港澳大湾区体育产业空间关联网络特征研究——基于引力模型和社会网络分析[J]. 广东社会科学，2021（2）：100-108.

4.3.2 协同内容与机制

根据京津冀、长三角、粤港澳、成渝地区体育产业相关政策文件和会议资料整理,各地区现阶段在协同发展的内容和协同机制上也体现出阶段差异(表4-5)。

表4-5 区域体育产业协同内容与协调机制

区域	协同内容	协调机制	支持政策
京津冀	建设京张体育文化旅游带,对接京津冀体育产业协同发展重点项目,修订京津冀区域协同体育标准化统一制,召开京津冀国际体育产业大会	京津冀体育产业联席会议制度、京津冀体育产业协会	《深入推进京津冀体育产业协同发展议定书》《京津冀体育产业协同发展规划》
长三角	长三角汽车运动产业一体化发展,建设长三角体育资源交易平台、长三角体育设施认证中心、长三角体育装备器材网上采购平台、长三角地区体育产业大数据平台等	长三角地区体育产业协作会、长三角体育产业联盟	《长江三角洲区域一体化发展规划纲要》《长三角地区体育一体化高质量发展的若干意见》
粤港澳	开展粤港澳大湾区体育赛事活动,构建具有国际竞争力的现代体育产业体系,推进粤港澳大湾区体育合作项目,共同举办粤港澳大湾区体育博览会	粤港澳体育部门	《粤港澳大湾区发展规划纲要》
成渝	成渝地区双城经济圈建设体育产业"六个一工程":建立体育产业协作机制、共同创建全国体育旅游示范区、成立一个联盟、打造一个体育旅游休闲消费季、培育一批川渝体育旅游精品项目和搭建一个平台	成渝地区体育产业协作领导小组、成渝体育产业联盟	《推动成渝地区体育公共服务融合发展框架协议》《成渝地区双城经济圈体育产业协作协议》

京津冀地区由于举办冬奥会,在政府强有力的推动下,以重点项目为载体推动三地体育产业协同发展,冰雪、足球、网球等国内外顶级赛事聚集京津冀地区,自2016年以来启动的京津冀运动休闲体验季活动囊括登山、徒步、定向越野、钓鱼、太极等运动,尝试建立京津冀健身休闲活动平台,培育京津冀区域的体育旅

游品牌。2021年，京津冀政府部门根据习近平总书记关于加快建设京张体育文化旅游带重要指示精神，共同发起京张体育文化旅游带系列赛事活动，以举办冬奥会为契机，为京津冀协同发展战略注入体育新内涵，以上协同内容的协调机制主要还是依靠京津冀三地体育行政部门。为促进京津冀体育产业协同发展，国家相关部委、三地体育局自2014年起相继出台了《京津冀体育协同发展议定书》《京津冀健身休闲运动协同发展规划（2016—2025年）》《京津冀体育产业协同发展规划》等系列文件，提供了有力的机制保障。随着2019年京津冀体育产业资源交易平台在北京产权交易所上线，市场在资源配置中的决定性作用将不断提升，为京津冀体育产业资源整合、信息共享、规范流转和优化配置服务提供了支撑。京津冀三地体育产业协会逐渐发挥中介组织的桥梁纽带作用，协助京津冀三地体育部门推动体育产业协同发展相关文件落地见效，提出成立京津冀体育产业联盟，助力建设具有一定影响力的奥运资源功能区域、较强的体育产业协同创新发展引领区域和最具经济活力的体育服务业集聚区域。目前京津冀体育产业协同发展主要由政府主导，市场和中介组织的作用不断增强。

长三角地区体育产业发展起步较早，体育产业协同发展机制可追溯到2012年，现已形成"三省一市一院"较成熟的协调机制，建立了良好的区域体育产业协作载体，通过长三角运动休闲体验季、运动休闲博览会、体育产业高峰论坛等品牌活动，推进长三角地区体育一体化高质量发展。各地区充分利用各自要素禀赋，发展最有优势的产业领域，跨区域联动办赛工作形成常态化，实现长三角赛事资源共享互补。定期发布最佳体育旅游目的地、体育旅游线路、汽车运动自驾营地等名单，出版长三角体育产业发展报告。为进一步促进体育一体化高质量发展，现阶段协同内容包括继续加强顶层设计、举办区域重大赛事、市场配置体育资源、完善财税配套政策、促进产学研合作等。建立长三角体育产业联盟，形成政府部门、社会组织、企业单位三大联盟的协调发展新机制。以长三角体育资源交易平台、长三角地区体育产业大数据平台等多个平台建设为载体，逐渐形成政府、市场、社会组织合力推动体育产业协同发展的局面。通过坚持组织机制协同、规划政策协同、重大项目协同、重点区域协同、社会宣传协同等，由协作转变为更高能级、更高质量的区域体育产业战略协同。

粤港澳大湾区对标国际，旨在打造国际一流湾区和世界级城市群，建设宜居宜业宜游优质生活圈，协同发展体育产业可以推动粤港澳地区经济、文化等各项事业的全面、深度融合。由于粤港澳大湾区建设区域战略提出时间尚短，粤港澳在体育产业上的政策与制度方面，需要由政府牵头加强体育相关部门的沟通，积极搭建平台，加强信息互通。粤港澳大湾区体育产业协同发展面临跨越"一国两制三种税制"的问题，既是机遇，也是挑战。例如，港澳地区体育企业、教练师资的资质、法规及保险等与内地的互认互通等问题，亟须政府出台相关政策予以保障。可以通过设立体育产业改革先行先试示范区等举措探索协同发展的实施路径，同时为其他区域提供借鉴。目前，粤港澳三地体育相关部门正逐步建立常态化的议事机制和决策机制，联合打造一批国际性、区域性品牌赛事，支持利用大湾区海岸线资源发展帆船、冲浪、海钓、潜水等滨海体育休闲项目，联合香港、澳门特区政府体育部门共同举办粤港澳大湾区体育博览会，为大湾区体育行业交流提供融合交流的平台，推进大湾区体育产业的协同发展。国务院批复同意粤港澳联合承办2025年第15届全运会，通过举办全国水平最高、规模最大的综合性体育大赛，推动粤港澳区域融合，推动大湾区体育事业提升。现阶段粤港澳各地区的体育产业发展水平很高，但协同发展面临跨境制度层面的问题，企业、中介组织推动区域协同发展的作用还不显著，三地政府部门仍然是协调机制的主体，但随着全运会的筹办、政策壁垒的破除、体育市场的互通等，粤港澳大湾区体育产业协同必将得到快速推进，成为我国区域体育产业协同发展的又一个先行示范区。

成渝地区双城经济圈体育产业协同发展早在2011年《成渝经济区区域规划》中就有体现，包括群众体育健身工程、体育场馆建设等内容，但主要停留在政府文件层面。随着成渝地区双城经济圈建设战略的提出，重庆、四川的体育部门纷纷联动，多次召开体育产业协同发展相关会议，签署《成渝地区双城经济圈体育产业协作协议》，成立成渝地区体育产业协作领导小组，形成四川省体育局、重庆市体育局和成都体育学院"一省一市一院"的协作机制，从顶层设计上提出遵循一体化发展理念，进一步健全合作机制和沟通协调机制，统筹协调重点发展项目，充分发挥资源优势，启动成渝地区双城经济圈建设体育产业"六个一工程"，共同推动两地体育产业协同发展。成渝地区体育企业和运动协会主动融入双城经济圈建设，各运动项目协会纷纷签署川渝合作协议，赛事公司共同发起川渝各体育运动项目联盟，不断发挥市场、中介组织的作用。川渝体育产业协同发展加速之后，体育赛事和活动密度将不断增加，并以赛事活动促进相关产业升级。2020年，重庆和成都双双入选"国家体育消费试点城市"，市场潜力巨大，但目前政府、市场、中介组织的合作还处于初步阶段，成渝地区双城经济圈体育产业协同发展的成效还有待进一步检验。

4.3.3 协同发展阶段

根据以上对我国京津冀、长三角、粤港澳大湾区、成渝地区双城经济圈体育产业协同发展的空间形态、协同内容与机制的分析，可以对四个典型代表区域体育产业协同发展阶段作出基本判断。

京津冀地区处于使动阶段向自动阶段的转变时期，北京作为京津冀地区体育产业的增长极，由于极化作用的影响，集中了大量体育资源，与其他城市存在显著差异，但随着政府的强力推动，一系列政策机制打破了地方贸易保护，市场配置的作用逐步显现，区域内各城市间的差距不断缩小，空间形态逐渐向扁平化转变。三地通过建设京张体育文化旅游带、京津冀体育产业协同发展重点项目对接、京津冀区域协同体育标准化统一制（修）订工作等，共同提升体育产业的公共服务和基础设施水平，保障产业转移和要素流动，政府部门由完全主导转变为配合市场机制引导体育产业发展。

长三角地区处于协同阶段，体育产业空间形态多中心、扁平化趋势最为显著，由于体育市场机制发育较早，体育产业对各省份的经济贡献率都较高，政府的主要工作是提供基本保障，市场和社会组织在体育产业发展中发挥着重要作用，国内领先的交通网络和体育基础设施使空间差距不断缩小，推动体育产业要素市场一体化的形成。提升体育产业的经济效率和空间公平，激活次中心地区和边缘地区的发展活力，完善区域协调机制和体育政策一体化，促进长三角体育产业协同发展向更高阶段演进是未来的发展方向。

粤港澳大湾区处于自动阶段向协同阶段的转变时期，粤港澳大湾区体育产业空间结构方面以香港、广州为核心，深圳、澳门、东莞、佛山为次核心，各地体育产业发展水平都较高，空间结构方面符合扁平化的协同阶段特征。粤港澳大湾区在协同发展的内容与机制上仍然由政府主导，市场和中介组织的作用未得到体现，"三地两制"的体育管理体制成为该区体育产业协同发展的藩篱。因此，现阶段粤港澳大湾区必须通过强有力的政府政策和机制保障，形成开放活跃的体育市场和衔接顺畅的体育产业链，增强体育产业的分工与联系，一旦破除要素流动和产业转移面临的跨境障碍，该区体育产业发展将快速进入协同阶段。

成渝地区双城经济圈处于使动阶段向自动阶段的转变时期，现阶段体育产业空间形态呈现双中心、两端化的特点，随着双城经济圈建设战略的提出，川渝两省市接连部署"成都东进"、"重庆西扩"、成德眉资同城化等重大战略，推进成渝相向而行，通过中心城市的涓滴效应培育次中心城市，这将有效解决成渝地区体育产业发展的中部塌陷问题，逐步形成扁平化的空间结构。成渝地区体育产业市场、中介组织活跃，积极主动融入双城经济圈建设，在政府主导下，通过建立体育产业协作机制、成立成渝体育产业联盟等措施，破除行政分割和地方保护主义的封锁，以双城体育赛事和体育旅游为抓手，推动体育产业要素的自由流动，成渝地区双城经济圈体育产业将快速进入自动阶段，并向协同阶段转变。

小　结

成渝地区双城经济圈体育产业协同发展是成渝地区双城经济圈包含的多个地区为实现体育产业高质量发展目标，需要基于合作共赢理念，按照优势互补原则，结合产业分工要求和资源环境要素，协调各行政区组成的区域，通过协同发展，形成目标同向，促进区域内体育产业的相互补给、高效整合和优化配置。根据成渝地区体育产业的发展基础、主要困境及特殊性，现阶段成渝地区双城经济圈体育产业实行协同发展是必然选择。成渝地区双城经济圈体育产业协同发展呈现双核独大、中部塌陷、两翼不振的区域特征。根据协同发展时空演化阶段理论分析，成渝地区双城经济圈处于使动阶段向自动阶段的转变时期，现阶段体育产业空间形态为双中心、两端化，在《推动成渝地区体育公共服务融合发展框架协议》《成渝地区双城经济圈体育产业协作协议》政策支持下，通过成渝地区体育产业协作领导小组、成渝体育产业联盟等协调机制，共同推动体育产业项目落地实施。随着双城经济圈建设战略的提出，川渝两省市接连部署"成都东进"、"重庆西扩"、成德眉资同城化等重大战略，推进成渝相向而行，成渝地区双城经济圈体育产业将快速进入自动阶段，并向协同阶段转变。

5 成渝地区双城经济圈体育产业协同发展评价

为了量化成渝地区双城经济圈体育产业协同发展的程度，分析各地区具体存在的差异，本部分将构建成渝地区双城经济圈体育产业协同度评价模型及评价指标体系，根据协同度测算结果进一步讨论影响体育产业协同发展的主要因素。

5.1 成渝地区双城经济圈体育产业协同发展协同度评价模型

根据成渝地区双城经济圈体育产业发展现状的描述和分析，重庆和四川的体育产业发展程度不同且各具特色，协同发展虽然具有一定基础，但是也面临现实困境。本研究关注的核心是成渝地区双城经济圈区域内体育产业系统内的协同水平如何进行定量的测算，因此需结合协同水平测算的可操作性，讨论适用于体育产业领域的测算方法。我国对区域体育产业的研究大多根植于区域经济学理论，区域体育产业与经济的关系亦密不可分。通过对应用于区域经济协同发展研究领域的协同度模型进行回顾，讨论其在体育产业领域的适用性，构建成渝地区双城经济圈体育产业协同度评价模型。

5.1.1 协同度评价模型述评

区域经济协同发展的基本原理是区域经济组织在结构形态、发展模式方面呈现出相互影响和相互促进的自组织特征与行为机制[1]。西方国家区域经济出现两极

---

① 刘英基. 中国区域经济协同发展的机理、问题及对策分析——基于复杂系统理论的视角[J]. 理论月刊，2012（3）：126-129.

化的趋势[1]，区域经济结构不断演化[2]，随着科学技术的进步，区域间经济联系的相互依赖程度日益加深，正视区域发展中存在的差异并有效合理控制[3]，协调区域系统内部及其子系统之间的相互合作，是实现区域协同发展的有效措施。影响我国区域间协同发展的因素包括地理位置关系、产业发展水平、区域政策[4]、产业的互补性与联动性、产业结构[5]等。目前协同度模型主要应用于区域经济协同发展研究领域，较有代表性的包括哈肯模型、距离协同度模型和灰色关联协同度模型，其研究的主要内容及特点如下。

1. 哈肯模型

哈肯模型主要通过系统主要作用参量的确定，构建参量间的运动方程，进而识别系统的序参量，并根据序参量的得分值来评价区域经济协同发展水平，系统内部各序参量相互作用，从而导致系统结构演化过程的产生。哈肯模型假设 q_2 为某子系统及参量的内力，q_2 被该内力控制，系统所满足的运动方程式[6]为

$$\dot{q}_1 = -\gamma_1 q_1 - aq_1 q_2$$
$$\dot{q}_2 = -\gamma_2 q_2 + bq_1^2$$

其中，γ_1、γ_2 分别为子系统的阻尼系数；q_1 为序参量；a、b 分别为两个系统之间相互作用的强度。

系统演化的方程式为

$$\dot{q}_1 = -\gamma_1 q_1 - \frac{ab}{\gamma_2} q_1^3$$

根据经济分析的特性，做离散化处理：

$$q_1(t) = (1-\gamma_1)q_1(t-1) - aq_1(t-1)q_2(t-1)$$
$$q_2(t) = (1-\gamma_2)q_2(t-1) + bq_1^2(t-1)$$

---

[1] STORPER, MICHAEL. Separate worlds? Explaining the current wave of regional economic polarization[J]. Journal of economic geography, 2018, 18(2): 247-270.
[2] BALDWIN R, FORSLID R, MARTIN P, et al. Economic geography and public Policy[M]. Princeton: Princeton University Press, 2003: 34-35.
[3] 蒋清海. 区域经济协调发展的若干理论问题[J]. 财经问题研究, 1995（6）：49-54.
[4] 覃成林, 张华, 张技辉. 中国区域发展不平衡的新趋势及成因——基于人口加权变异系数的测度及其空间和产业二重分解[J]. 中国工业经济, 2011（10）：37-45.
[5] 孙虎, 乔标. 京津冀产业协同发展的问题与建议[J]. 中国软科学, 2015（7）：68-74.
[6] 李琳, 刘莹. 中国区域经济协同发展的驱动因素——基于哈肯模型的分阶段实证研究[J]. 地理研究, 2014, 33（9）：1603-1616.

哈肯模型在研究区域经济协同发展时主要根据驱动因素来确定主要作用参量，通过两两间构造的运动方程识别区域经济协同发展的序参量，根据序参量的分值来判断协同发展的水平。

2. 距离协同度模型

通过对系统现实状态和理想状态之间的欧氏距离进行测度来反映系统的协同程度[①]，距离值越小，表示系统协同效应越高。相关计算步骤如下。

首先通过线性加权求和法计算子系统的发展度：

$$x_{it} = \sum_{j=1}^{n} w_{ij} x_{ijt}$$

其中，x_{ijt} 为 t 时期 i 指标 j 标准化处理后的数据；w_{ij} 为子系统 i 指标 j 的权重。

系统中包含 s 个子系统，系统的发展度为

$$x_t = \frac{1}{s} \sum_{i=1}^{s} x_{it}$$

子系统的理想发展度为子系统的发展度的平均值，最后计算系统现实状态和理想状态之间的欧氏距离：

$$d_t = \sqrt{\sum_{i=1}^{s} (x_{it} - x_t)^2}$$

其中，d_t 为系统现实状态和理想状态之间的欧氏距离，其值越小，表示系统协同效应越高，反之则表示越低。

3. 灰色关联协同度模型

通过用灰色理论定理描述序参量的有序度，测算系统中的序参量实际值与阈值之间的相关联程度或吻合程度，关联度越大则序参量的有序度越高，对系统有序度即协同度的贡献越大[②]。刘艳清研究区域经济可持续发展系统的协调度时，利用灰色系统建模的方法，对区域的人口、资源、环境、经济系统建立发展协调度模型[③]，计算公式为

$$H = \left(\sum_{i=1}^{n} \cos \frac{\pi}{2} \frac{M_i}{M_{io}} + b \right)$$

---

① 范晨光. 基于距离协同模型的京津冀区域协同度评价研究[D]. 天津：天津理工大学，2018.
② 何怿. 我国区域文化产业协同度的测量及其影响因素分析[D]. 长沙：湖南大学，2014.
③ 刘艳清. 区域经济可持续发展系统的协调度研究[J]. 社会科学辑刊，2000（5）：79-83.

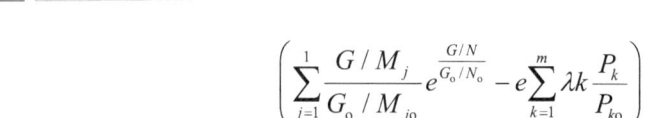

$$\left(\sum_{j=1}^{1}\frac{G/M_j}{G_0/M_{jo}}e^{\frac{G/N}{G_o/N_o}}-e\sum_{k=1}^{m}\lambda k\frac{P_k}{P_{ko}}\right)$$

其中，G_0 和 G 分别为参考年与当年的 GDP；N_0 和 N 分别为参考年与当年某区域的总人口；M_i 和 M_{io} 分别为某种资源的开采量与储存量；M_j 和 M_{jo} 分别为某种不可再生资源的当年消耗量与存储量；P_{ko} 和 P_k 分别为某种污染物的允许浓度（国家标准）与当年实际浓度；b、λ 为权系数；$k=1,\cdots,m$，k 为整数。

4. 模型选择说明

以上模型主要解决区域协同系统序参量识别，区域经济、生态、社会的协同度评价，以及区域人口、资源、环境等与经济的关系等问题。本研究讨论的是成渝地区双城经济圈体育产业的协同发展问题，关注的核心是区域产业系统内的协同水平，期望通过协同度模型和指标体系的构建，测量各序参量的有序度和子系统的协同度，在此基础上分析成渝地区体育产业整体的协同程度。借鉴已有文献并结合区域体育产业协同发展的特点，本研究选用孟庆松和韩文秀构建的复合系统协同度模型，该模型在区域协同研究领域得到广泛应用[1][2]，包括京津冀、辽宁沿海经济带、长江经济带等区域子系统的协同有序度及整体协同度的测算，以及具体的文化产业、高新技术产业、物流产业等子系统有序度和复合系统协同的测量。复合系统协同度模型主要通过对系统内部各要素的有序度和系统的协同度进行测量，讨论系统从无序走向有序的趋势与程度[3]，能够从定量角度测算成渝地区体育产业各序参量的有序度和子系统的协同度，判断成渝地区双城经济圈体育产业系统整体的协同水平。

5.1.2 复合系统构建

将成渝地区双城经济圈体育产业复合系统表示为 $X=\{X_1,X_2,X_3,\cdots,X_n\}$，其中，$X_1\sim X_n$ 分别为区域体育产业复合系统的 n 个子系统。设子系统 $X_i,i\in\{1,2,3,\cdots,n\}$ 所对应的序数参量为 $X_{ik},k\in\{1,2,\cdots,n\}$，其中 $n\geq 1$，表示每个子系统序参量的个数。用下面的公式剔除正负向指标的影响：

---

[1] 赵文韬，赵桂彩. 复合系统协同度模型应用综述[J]. 价值工程，2019，38（2）：191-193.
[2] GUORONG L I, MINNA M A, YUANYUAN D. Analysis of evaluation and comparison about the regional economic development in China[C]. Weihai: International institute of statistics & management engineering symposium, 2010: 316-320.
[3] 孟庆松，韩文秀. 复合系统协调度模型研究[J]. 天津大学学报，2000（4）：444-446.

$$\delta_i(X_{ik}) = \begin{cases} \dfrac{X_{ik} - \alpha_{ik}}{\beta_{ik} - \alpha_{ik}}, & k \in [1, m] \\ \dfrac{\beta_{ik} - X_{ik}}{\beta_{ik} - \alpha_{ik}}, & k \in [m+1, n] \end{cases}$$

其中，$\delta_i(X_{ik}) \in [0,1]$，数值越大，序参量 X_{ik} 对子系统的贡献度越大。$\alpha_{ik} \leqslant X_{ik} \leqslant \beta_{ik}$，$\alpha_{ik}$、$\beta_{ik}$ 分别为在有确定的参照标准下，序参量 X_{ik} 的下限和上限通过结合宏观趋势和现有数据的历史波动幅度极限值确定。

在研究成渝地区双城经济圈体育产业复合系统协同度时，分别取子系统稳定临界点上该研究时段内序参量对应的最大值和最小值为上下限。在计算过程中，由于原始数据的差异性，须将上述公式进行程序化，再把获得的原始数据导入MATLAB程序中进行标准化处理。

5.1.3 子系统有序度

采用线性加权的方法进行求和，可以得到序参量对子系统的总影响为

$$\delta_i(X_i) = \sum_{k=1}^{n} \omega_k \delta_i(X_{ik}), \omega_k \geqslant 0, \sum_{k=1}^{n} \omega_k = 1$$

其中，$\delta_i(X_i) \in [0,1]$，数值越大，子系统有序度越高，反之则越低；ω_k 为序参量 X_{ik} 在其子系统中能够有序运行的地位，即权重系数，可以通过问卷或者专家赋值，也可以通过层次分析法、矩阵赋值法给出。

本研究采用层次分析法求权重，权重赋值计算方法如下。

第一，对准则层即序参量进行标注，形成一个判断矩阵。序参量赋值及含义见表 5-1。

表 5-1 序参量赋值及含义

赋值	含义
1	两个因素相比，具有同样重要性
3	两个因素相比，一个因素比另一个因素稍微重要
5	两个因素相比，一个因素比另一个因素明显重要
7	两个因素相比，一个因素比另一个因素强烈重要
9	两个因素相比，一个因素比另一个因素极端重要
2，4，6，8	上述两相邻判断的中值
倒数	因素 i 与 j 比较的判断为 a_{ij}，则因素 j 与 i 比较的判断为 $a_{ji} = 1/a_{ij}$

假设有 N 个确定的序参量，那么就可以得到以下形式的一个判断矩阵：

$$X = \begin{bmatrix} X_{11} & X_{12} & X_{13} & \cdots & X_{1n} \\ X_{21} & X_{22} & X_{23} & \cdots & X_{2n} \\ \vdots & \vdots & \vdots & & \vdots \\ X_{n1} & X_{n2} & X_{n3} & \cdots & X_{nn} \end{bmatrix}$$

第二，将判断矩阵计算出相应的权重及矩阵的最大特征值采用层次分析法的根法。将判断矩阵的元素按行相乘，得到一个新的向量：

$$X' = [X_{11}X_{12}X_{13}\cdots X_{1n} \quad X_{21}X_{22}X_{23}\cdots X_{2n} \quad \cdots \quad X_{n1}X_{n2}X_{n3}\cdots X_{nn}]$$

将新向量的每个分量开 n 次方，将所得向量归一化，即权重向量。

第三，采用上述方法计算方案层，也就是各衡量指标的权重。

第四，将计算结果进行一致性检验。

首先，计算一致性指标 C.I.（Consistency Index），计算公式为

$$\text{C.I.} = \frac{\lambda_{\max} - n}{n - 1}$$

其中，$\lambda_{\max}$ 为获得的最大特征值。

其次，查找相应的平均随机一致性指标 R.I.（Random Index），其具体值见表 5-2。

表 5-2 平均随机一致性指标 R.I. 的值

n	R.I.
1	0
2	0
3	0.58
4	0.90
5	1.12
6	1.24
7	1.32
8	1.41
9	1.45
10	1.49
11	1.49

最后，计算一致性比例 C.R.（Consistency Ratio），计算公式为

$$\text{C.R.} = \frac{\text{C.I.}}{\text{R.I.}}$$

当 C.R.<0.1 时符合一致性，可以接受；当 C.R.≥0.1 时，需要修正。

5.1.4 复合系统协同度

设给定的初始时刻为 t^0，各子系统的系统有序度分别为 $\delta_i^0(X_i)$，设在发展过程的另一个时间为 t^1，各子系统的系统有序度分别为 $\delta_i^1(X_i)$，则系统协同度可以表示为

$$D = \theta \sum_i^k \eta_i \left[\left| \delta_i^1(X_i) - \delta_i^0(X_i) \right| \right], \quad \theta = \frac{\min_i \left[\delta_i^1(X_i) - \delta_i^0(X_i) \neq 0 \right]}{\left| \min_i \left[\delta_i^1(X_i) - \delta_i^0(X_i) \neq 0 \right] \right|}$$

其中，D 为复合系统协同度，其值越大表明复合系统协同度越高，反之则越低。同时，复合系统协同度 D 综合考虑了各区域子系统的演变进程，如果只有其中一个子区域体育产业系统的有序度提高，而另一个子系统有序度在下降，则说明整个体育产业的复合系统呈现出不协同或协同度较低的状态。θ 用于确认系统协同度的稳定性，当 θ 值为正时，说明从 t^0 到 t^1 时间段体育产业系统是协同演进的；当 θ 值为负时，代表系统处于不稳定或者不协调状态，或者其中一个子区域体育产业协同未沿着有序方向发展。η_i 为权重系数。

根据肖秀华[1]、冯锋和汪良兵[2]、李海超和盛办隆[3]等学者对于协同度等级的划分，将协同度值判断系统协同水平的标准分为五个等级（表5-3）。

表5-3　协同度评价等级标准

协同度	等级
[-1, 0)	不协同
[0, 0.3)	低水平协同
[0.3, 0.5)	一般协同
[0.5, 0.8)	良好协同
[0.8, 0]	高度协同

利用复合系统协同度的定义，可以考察从 t^0 到 t^1 时间段成渝地区双城经济圈体育产业协同度的特征及变化趋势，以及从各子区域序参量有序度的变化中把握整个地区体育产业系统的协同状况。

---

[1] 肖华秀. 科技进步与城区可持续发展关系研究[D]. 武汉：武汉理工大学，2004.
[2] 冯锋，汪良兵. 技术创新链视角下我国区域科技创新系统协调发展度研究[J]. 中国科技论坛，2012（3）：36-42.
[3] 李海超，盛亦隆. 区域科技创新复合系统的协同度研究[J]. 科技管理研究，2018，38（21）：29-34.

5.2 成渝地区双城经济圈体育产业协同发展评价指标体系

5.2.1 体育产业协同发展的作用机制

成渝地区双城经济圈体育产业系统处于一个与社会、经济、环境、文化等密切联系的大环境中，受到政府、体育市场、生产要素等的影响。根据耗散结构理论和协同学理论，任何一个复杂系统都可能在一定条件下形成耗散结构，包括系统的开放性、非平衡状态、系统内部的非线性和存在"涨落"现象，通过非平衡状态的开放系统与外界交换，产生内部协同作用，形成一定的有序结构[①]，实现区域系统的高效、有序、协同发展。

基于此，成渝地区双城经济圈体育产业系统协同发展主要涉及四个方面的交互作用：一是地方保护水平，区域体育产业的资金、信息、人才等要素的交换受到地区间贸易壁垒和地方政府规章制度的制约，地方保护水平越高，说明体育产业系统开放性越低；二是区域比较优势，根据市场在资源配置中的决定性作用，按照区域比较优势科学合理分配体育要素和资源，实现区域体育产业差异化发展，成渝各地体育产业应呈现非平衡状态；三是要素的自由流动水平，区域间的相互作用将影响体育商品和劳务的交换与成渝地区体育贸易的发生，间接体现区域间的非线性作用；四是体育消费需求、创新能力等其他因素，成渝地区双城经济圈体育产业系统从无序向有序的演化是通过随机的"涨落"来实现的，在需求和创新因素的作用下，"涨落"因非线性作用而放大并高于某个临界值，就会影响到整个空间，使体育产业系统发生内在的协同变化。

5.2.2 评价指标建立

现有研究中关注过区域体育产业评价指标和体育产业竞争力评价指标，尚未明确提出区域体育产业协同发展评价的指标体系。通过对区域协同、区域经济协同、区域产业协同等相关研究领域的指标体系进行梳理，总结已有研究的经验做法，结合体育产业协同发展的作用机制，构建成渝地区双城经济圈体育产业协同发展评价指标体系（表5-4）。

---

① 李琳. 区域经济协同发展：动态评估、驱动机制及模式选择[M]. 北京：社会科学文献出版社，2016：35-40.

表 5-4 相关领域协同发展评价主要指标一览

研究对象	一级指标或序参量	二级指标或序参量衡量指标	出处
京津冀协同发展指数	创新发展、协调发展、绿色发展、开放发展、共享发展	创新投入、地区差距、地区分工、能源消耗、贸易开放、收入差距等25个指标	中国社会科学院京津冀协同发展智库京津冀协同发展指数课题组等[①]
川渝协同发展指数	创新发展、协调发展、绿色发展、开放发展、共享发展	研发支出占GDP比重、技术市场成交额、城乡收入比、城市首位度、产业结构相似系数等18个指标	林黎等[②]
区域经济协同发展度	影响因素（投入）、表现特征（产出）	比较劳动生产率、省际贸易依存度、市场分割程度、人均GDP、全社会劳动生产率、区域经济联系强度	李琳[③]
京津冀区域经济协同度	经济发展水平、经济效益和收入水平	人均GDP，第一、第二、第三产业增加值，地方财政总收入，城镇居民人均可支配收入，农村居民人均纯收入	马骁[④]
区域文化产业协同度	投入水平、产出效益、发展潜力、创新能力、文化需求	财政拨款、从业人员数、文化产业增加值、文化产业总产值增长率、科研机构数、人均地区生产总值等16个指标	何怿[⑤]
长三角区域流通业协同发展	成长协同、规模状态协同、贡献协同、市场协同、区际开放协同	流通业增加值增长率变异系数、流通业对经济相对贡献率变异系数、商品零售价格指数的相对方差等5个指标	罗获发[⑥]
区域旅游协同发展	规模、发展质量、关联性、协同性	旅游收入区域集中度、旅游经济效益贡献指数、游客人均旅游支出、公里网密度、产业结构相似指数等15个指标	陈晓永和阴明州[⑦]

---

① 中国社会科学院京津冀协同发展智库京津冀协同发展指数课题组，黄群慧，叶振宇，等．基于新发展理念的京津冀协同发展指数研究[J]．区域经济评论，2017（3）：44-50．
② 林黎，陈悦，付彤杰．基于新发展理念的川渝协同发展水平测度及对策研究[J]．重庆工商大学学报（社会科学版），2020，37（6）：24-33．
③ 李琳．区域经济协同发展：动态评估、驱动机制及模式选择[M]．北京：社会科学文献出版社，2016：58．
④ 马骁．基于复合系统协同度模型的京津冀区域经济协同度评价[J]．工业技术经济，2019，38（5）：121-126．
⑤ 何怿．我国区域文化产业协同度的测量及其影响因素分析[D]．长沙：湖南大学，2014．
⑥ 罗获发．一体化背景下长三角区域流通业协同发展研究[J]．商业经济研究，2020（5）：155-158．
⑦ 陈晓永，阴明州．区域旅游发展协同度分析及评价模型构建——基于京津冀一体化的视角[J]．河北经贸大学学报（综合版），2015，15（1）：79-82．

续表

研究对象	一级指标或序参量	二级指标或序参量衡量指标	出处
区域体育产业系统与社会经济生态环境系统之间的协调发展程度	经济、社会、政策、生态	人均GDP、居民人均体育消费支出占总支出比、体育人口数、体育人口中大专以上学历人口比重、体育产业市场化程度等13个指标	李琳等[1]
京津冀体育赛事协同发展	投入水平、产出效益、发展潜力、需求潜力	政府财政拨款、体育赛事从业人员数、协同举办体育赛事数量、参加体育赛事人数年增长率、人均体育消费等18个指标	岳凤文[2]

中国社会科学院京津冀协同发展智库京津冀协同发展指数课题组等和林黎等基于新发展理念分别提出京津冀和川渝协同发展指数，包括创新、协调、绿色、开放和共享5个一级指标[3][4]。马骁用区域经济系统的产出协同来衡量京津冀区域经济协同度，选取经济发展水平、经济效益和收入水平作为序参量[5]。李琳从影响因素（投入）和表现特征（产出）两个维度确定区域经济协同发展度的评价指标，具体包括比较劳动生产率、市场分割程度、区域经济联系强度等[6]。何怿构建的区域文化产业复合系统指标体系由八大区域子系统构成，包含投入水平、产出效益、发展潜力、创新能力、文化需求5个序参量分量[7]。罗荻发通过成长协同、规模状态协同、贡献协同、市场协同和区际开放协同5个维度来判定区域内流通业的协同发展[8]。陈晓永和阴明州建立的区域旅游发展协同评价指标由整体性和内部和谐性2个一级指标，规模、发展质量、关联性和协同性4个二级指标，旅游收入区域集中度、旅游经济效益贡献指数、产业结构相似指数等15个三级指标构成[9]。李琳等在区域体育产业协调发展程度的指标体系中，确定了经济、社会、政策和

---

[1] 李琳，杨婕，杨田，等．区域体育产业可持续发展评价指标体系研究[J]．北京体育大学学报，2010，33（9）：26-29．
[2] 岳凤文．京津冀体育赛事协同发展的测量与评价[D]．天津：天津体育学院，2019．
[3] 中国社会科学院京津冀协同发展智库京津冀协同发展指数课题组，黄群慧，叶振宇，等．基于新发展理念的京津冀协同发展指数研究[J]．区域经济评论，2017（3）：44-50．
[4] 林黎，陈悦，付彤杰．基于新发展理念的川渝协同发展水平测度及对策研究[J]．重庆工商大学学报（社会科学版），2020，37（6）：24-33．
[5] 马骁．基于复合系统协同度模型的京津冀区域经济协同度评价[J]．工业技术经济，2019，38（5）：121-126．
[6] 李琳．区域经济协同发展：动态评估、驱动机制及模式选择[M]．北京：社会科学文献出版社，2016：58．
[7] 何怿．我国区域文化产业协同度的测量及其影响因素分析[D]．长沙：湖南大学，2014．
[8] 罗荻发．一体化背景下长三角区域流通业协同发展研究[J]．商业经济研究，2020（5）：155-158．
[9] 陈晓永，阴明州．区域旅游发展协同度分析及评价模型构建——基于京津冀一体化的视角[J]．河北经贸大学学报（综合版），2015，15（1）：79-82．

生态 4 个领域层，人均 GDP、体育人口数、体育产业市场化程度等 13 个指标层[①]。岳凤文提出京津冀体育赛事协同发展评价指标为投入水平、产出效益、发展潜力、需求潜力 4 个序参量分量，政府财政拨款、协同举办体育赛事数量、人均体育消费等 18 个衡量指标[②]。

  成渝地区双城经济圈体育产业系统序参量的选择及测度指标的构建是保障协同度测算精准程度的重要环节，基于上述对体育产业协同发展作用机制的阐释，借鉴以上学者关于区域经济、区域产业和区域体育产业协同发展的评价指标体系，结合我国体育产业的实际情况及专家问卷调查结果，为了尽可能全面反映体育产业的发展状况和结构特征，体现层次性和相关性，以及考量不同地区间的指标数据具有可比性，遵循评价指标体系的科学性、整体性、动态性和可获得性原则，构建成渝地区双城经济圈体育产业协同发展评价指标体系（表 5-5）。成渝地区双城经济圈体育产业复合系统由区域内的各地区子系统构成，选取了投入水平、产出效益、发展潜力、创新能力和体育需求 5 个序参量和 15 个衡量指标。

表 5-5　成渝地区双城经济圈体育产业协同发展评价指标体系

系统	序参量	衡量指标	单位
i 成渝地区双城经济圈体育产业系统 i=重庆、四川	投入水平	政府体育财政支出	亿元
		体育产业单位数	个
		人均体育场馆面积	平方米
	产出效益	体育产业对经济的贡献	%
		体育产业总产出	亿元
		体育产业劳动生产率	万元/人
	发展潜力	体育产业增加值年增长率	%
		体育产业总值年增长率	%
		体育财政拨款增长率	%
	创新能力	体育专业教育高校数	个
		体育科研机构数	个
		R&D 经费投入强度	%
	体育需求	地区人口数	万人
		人均可支配收入	元
		人均体育消费	元

---

① 李琳，杨婕，杨田，等. 区域体育产业可持续发展评价指标体系研究[J]. 北京体育大学学报，2010，33（9）：26-29.
② 岳凤文. 京津冀体育赛事协同发展的测量与评价[D]. 天津：天津体育学院，2019.

1. 投入水平

区域体育产业的投入水平由政府体育财政支出、体育产业单位数和人均体育场馆面积来衡量。现阶段政府体育财政支出是支持体育发展的重要主体之一，成渝地区在体育领域的投入规模能反映为实现其目的所关注的活动范围和政策选择的倾向性，虽然公共财政支出是满足社会共同需要的体育公共产品和服务，但体育场馆建设、体育人才培养、全民健身活动客观上提供了体育产业发展的资源、人才、需求等要素，因此成渝地区体育财政的支持力度能体现对体育产业的投入水平。近些年，社会资本密集涌入体育产业，国内商业巨头纷纷成立体育板块，体育资本的有效供给和市场运作必然能推动体育企业的繁荣，体育产业单位数可以从侧面反映成渝地区体育产业对资本市场的吸引力。体育场馆是成渝地区体育产业发展的物质保障，目前我国体育场馆多由政府拨款和社会资本投入修建，人均体育场馆面积越多，表明场馆数量越多、体育基础设施投入越多。

2. 产出效益

区域体育产业的产出效益可以通过体育产业对经济的贡献、体育产业总产出、体育产业劳动生产率进行衡量。体育产业对经济的贡献即体育产业增加值占当地生产总值的比重，体育产业增加值是一定时期内进行体育产业生产活动的最终成果，增加值占 GDP 比重越大，即贡献越大。体育产业总产出体现成渝地区在考察期内生产的所有体育货物和服务的价值，反映常住单位从事体育生产活动的总规模。体育产业对经济的贡献和体育产业总产出越大，表明成渝地区体育产业产出效益越好。

体育产业劳动生产率是指一定时期内体育产业从业人员的劳动效率，反映了该地区的体育产业实力，计算公式为

$$LP_i = \frac{G_i}{L_i}$$

其中，G_i 为 i 地区体育产业生产总值；L_i 为 i 地区体育产业从业人员人数。

体育产业劳动生产率越高，表示该区域就业人员的生产效率越高，反映区域体育产业发展水平越高。

3. 发展潜力

区域体育产业发展潜力取决于地区体育产业的发展效率。通过体育产业增加

值年增长率、体育产业总值年增长率和体育财政拨款增长率 3 个指标说明区域体育产业的增长表现。考虑到经济增长的惯性，以上指标越高，表明今后的增长潜力越大。

4. 创新能力

科技创新水平决定了体育产业的发展转型，区域体育产业只有坚持创新驱动，才能深入推动协同发展。创新能力选取区域内体育专业教育高校数、体育科研机构数和 R&D（研究与试验发展）经费投入强度 3 个指标。

5. 体育需求

体育需求是区域体育产业的重要支撑。随着社会经济的进步和生活水平的不断提高，人们对体育运动这一精神文化需求日益增长，地区的人口数量和收入水平通过体育消费推动体育产业发展。体育需求选取地区人口数、人均可支配收入、人均体育消费 3 个指标进行衡量。

5.2.3 指标权重赋值

通过专家咨询法和层次分析法相结合的方法，对成渝地区双城经济圈体育产业协同发展评价指标进行权重赋值。首先，通过问卷咨询专家（名单见表 1-1）意见，根据表 5-1 中对序参量赋值及含义的解释，将专家判断序参量影响大小的评估结果对各指标进行标注，得到以下形式的一个判断矩阵：

$$X = \begin{bmatrix} 1 & \frac{1}{2} & 1 & \frac{1}{3} & 1 \\ 2 & 1 & 1 & \frac{1}{2} & 2 \\ 1 & 1 & 1 & \frac{1}{2} & 2 \\ 1 & \frac{1}{2} & 1 & 1 & 1 \\ 1 & 1 & \frac{1}{2} & \frac{1}{2} & 1 \end{bmatrix}$$

使用 MATLAB 程序计算出判断矩阵 X 的最大特征值为 $\lambda_{max} = 4.3767$。将计算结果进行一致性检验，首先计算一致性指标 C.I.：

$$\text{C.I.} = \frac{\lambda_{\max} - n}{n-1} = \frac{4.6737 - 5}{5-1} \approx -0.0816$$

查找相应的平均随机一致性指标（表 5-2），根据 $n=5$ 可知，平均随机一致性指标 R.I.=1.12，那么可以计算出一致性比例 C.R.：

$$\text{C.R.} = \frac{\text{C.I.}}{\text{R.I}} = \frac{-0.0816}{1.12} \approx -0.0729 < 0.1$$

C.R.<0.1 时符合一致性，可以接受；C.R.≥0.1 时，需要修正。由此可以认为判断矩阵不一致程度处于可接受范畴，加权系数分配合理，之后运用 MATLAB 程序将判断矩阵的元素按行相乘，得到一个新的向量：

$$X' = \begin{bmatrix} \dfrac{1}{6} & 2 & 1 & \dfrac{1}{4} & \dfrac{1}{4} \end{bmatrix}$$

将新向量的每个分量开 n 次方，再进行归一化处理，得出权重向量，即可得出相应序参量的权重，其结果见表 5-6。

表 5-6　序参量权重

序参量	权重
投入水平	0.1750
产出效益	0.2504
发展潜力	0.2287
创新能力	0.2540
体育需求	0.0918

对于各衡量指标，重复以上分析步骤和过程可以求出各指标权重，整理计算结果，成渝地区双城经济圈体育产业协同发展评价指标权重见表 5-7。

表 5-7　成渝地区双城经济圈体育产业协同发展评价指标权重

序参量	权重	衡量指标	权重
投入水平	0.18	政府体育财政支出	0.23
		体育产业单位数	0.41
		人均体育场馆面积	0.36
产出效益	0.25	体育产业对经济的贡献	0.30
		体育产业总产出	0.36
		体育产业劳动生产率	0.34

续表

序参量	权重	衡量指标	权重
发展潜力	0.23	体育产业增加值年增长率	0.28
		体育产业总值年增长率	0.30
		体育财政拨款增长率	0.42
创新能力	0.25	体育专业教育高校数	0.35
		体育科研机构数	0.30
		R&D 经费投入强度	0.35
体育需求	0.09	地区人口数	0.26
		人均可支配收入	0.36
		人均体育消费	0.38

5.3 成渝地区双城经济圈体育产业协同发展的实证测度

本部分将通过构建的体育产业协同度评价模型测算成渝地区双城经济圈体育产业发展的协同程度和各子系统的有序发展程度，分析目前成渝区域的整体协同成效和区域内有序发展的问题。

5.3.1 数据来源与处理

2014 年，《国务院关于加快发展体育产业促进体育消费的若干意见》发布后，体育产业统计体系逐渐建立并完善起来，全国各省份根据《国家体育产业统计分类》要求，陆续开始公布每年体育产业规模及增加值数据，因此本研究的相关数据考察时间确定为 2015—2019 年。体育产业增加值、体育产业生产总值、体育产业从业人数、体育产业增长率占 GDP 比重数据来自《全国体育产业总规模与增加值数据公告》《重庆市体育产业总规模及增加值数据公告》《四川省体育产业总规模与增加值数据公告》，体育产业增加值年增长率、体育产业总值年增长率根据体育产业总规模和增加值数据计算所得，人均体育场馆面积从全国体育场地普查数据公报和各地区年度体育场地统计调查数据中获取，体育专业教育高校数由高等院校招生专业目录中查询获得，体育科研机构数从相关体育年鉴中获取，政府体育财政支出来自各地体育部门年度决算，体育财政拨款增长率根据每年政府体育财政支出进行计算获得，人均体育消费根据各地体育产业专项调查数据、中国体育产业消费趋势报告、走访体育部门调研等资料整理获得，R&D 经费投入强度数据来自地区科技经费投入统计公报，地区人口数和人均可支配收入数据来自国民经济和社会发展统计公报。在以上数据中，2015 年重庆体育产业增加值年增长率缺失，由体育产业总值年增长率替代；人均体育消费，重庆有 2016 年和 2017 年的数据，四川有 2017 年和 2018 年的数据，其他年度数据根据人均可支配收入增长率测算获得。

由于指标体系涉及的指标较多，各指标量纲存在较大差异，需要对各原始数据进行无量纲化处理。首先进行归一化处理，再采用线性标准化方法进行计算，计算公式为

正向指标：$Z_i = \dfrac{e_i - e_{\min}}{e_{\max} - e_{\min}}$

负向指标：$Z_i = \dfrac{e_{\max} - e_i}{e_{\max} - e_{\min}}$

在研究中，分别取研究时段内各指标对应的最大值和最小值为上下限。

5.3.2 成渝地区双城经济圈体育产业子系统有序度

根据构建的成渝地区双城经济圈体育产业协同发展评价模型，运用 MATLAB 软件将 2015—2019 年成渝地区体育产业数据代入剔除正负向指标的影响的公式中计算，得到重庆和四川子系统序参量的有序度结果，见表 5-8 和表 5-9。

表 5-8　2015—2019 年重庆体育产业序参量评价结果

年份	投入水平	产出效益	发展潜力	创新能力	体育需求
2015	0.1675	0.0571	0.1776	0.0272	0.0376
2016	0.1676	0.0570	0.1738	0.0287	0.0393
2017	0.1675	0.0570	0.1727	0.0287	0.0411
2018	0.1677	0.0572	0.1146	0.0297	0.0426
2019	0.1678	0.0575	0.1652	0.0297	0.0440

表 5-9　2015—2019 年四川体育产业序参量评价结果

年份	投入水平	产出效益	发展潜力	创新能力	体育需求
2015	0.1674	0.0567	0.1742	0.0326	0.0126
2016	0.1675	0.0565	0.1754	0.0328	0.0057
2017	0.1677	0.0562	0.1783	0.0328	0.0010
2018	0.1676	0.0560	0.1792	0.0329	0.0071
2019	0.1677	0.0553	0.1756	0.0315	0.0129

计算结果显示，重庆体育产业有序度在考察期内没有明显的上升趋势（图 5-1），说明重庆体育产业有序化演进速度较慢，发展潜力序参量甚至在部分年度出现下降的情况，未达到有序发展的状态。以 2019 年为例，投入水平（0.1678）和发展潜力（0.1652）有序度大于 0.1 的水平，产出效益（0.0575）、创新能力（0.0297）和体育需求（0.0440）都低于 0.1 的水平，各序参量有序度水平较低，序参量之间不平衡，有机整体性较差。

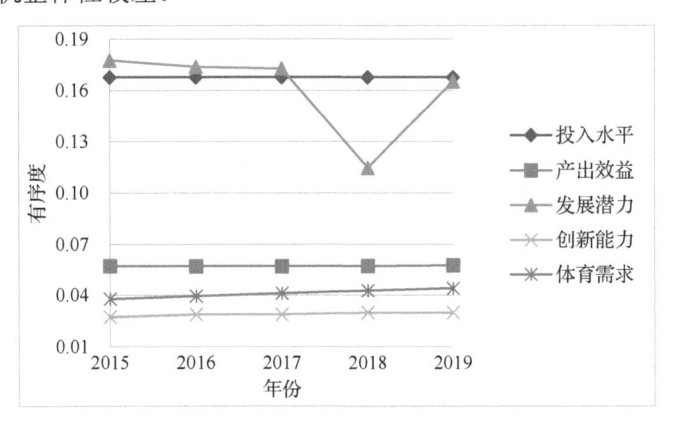

图 5-1　重庆体育产业序参量发展趋势

其中，投入水平的有序度水平最高，说明政府体育财政支出、体育产业单位数和人均体育场馆面积是影响重庆体育产业有序发展的重要力量。另外，发展潜力的影响也较大，2018 年出现较大波动的原因是体育产业总值增长率低于其他年度水平，同时 2017 年的体育财政投入又出现了负增长的情况，其影响在 2018 年显现出来。投入水平和发展潜力的变化趋势也说明了现阶段政府投入和政策措施决定了重庆体育产业的协同发展走向。此外，创新能力和体育需求对有序度水平的影响较小，而创新能力是引领体育产业发展的第一动力，体育需求是拉动体育产业增长的"三驾马车"之一，在未来提升重庆体育的创新能力和体育需求水平还有很大空间。

四川体育产业有序度在考察期内也比较平缓（图 5-2），特别是投入水平、产出效益及创新能力的有序度变化很小。2015 年和 2017 年分别举办残运会和备战全运会，政府体育财政投入增长 25%以上，但对体育产业的影响不够明显。《四川省人民政府关于加快发展体育产业促进体育消费的实施意见》出台后，希望通过培育群众的体育健身和消费意识，刺激体育市场，促进人均体育消费支出提高，但现阶段政策刺激作用还未显著增强。

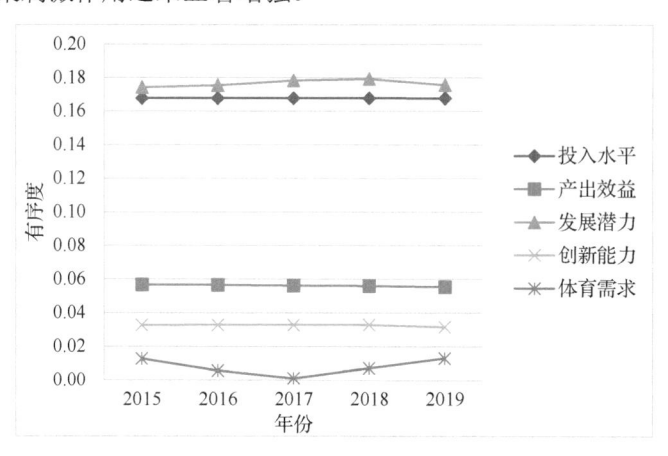

图 5-2 四川体育产业序参量发展趋势

首先，体育产业的发展潜力在四川呈现出最高有序度，5 年间发展潜力的有序度在缓慢提高后略有下降。其次，投入水平的有序度水平较高，说明这两个序参量对四川子系统的贡献度最大。创新能力有序度发展平缓主要由于四川的体育科研机构数和体育专业教育高校数没有变化，创新驱动主要来自 R&D 经费投入。从 2019 年的数据来看，四川体育产业的投入水平（0.1677）和发展潜力（0.1756）大于 0.1 的水平，产出效益（0.0553）、创新能力（0.0315）和体育需求（0.0129）都低于 0.1 的水平，说明四川体育产业各序参量有序度水平较低且不平衡，处于协同发展的初始阶段。

根据各序参量的有序度评价结果和子系统的有序度公式，测算成渝地区双城经济圈体育产业系统中重庆子系统和四川子系统有序度，结果见表 5-10。

表 5-10　成渝地区双城经济圈体育产业子系统有序度

年份	重庆	四川
2015	0.4674	0.4188
2016	0.1191	0.4268
2017	0.1219	0.4360
2018	0.1826	0.4428
2019	0.1338	0.4431

从测算结果来看，成渝地区双城经济圈体育产业重庆子系统和四川子系统有序度水平一般，四川地区高于重庆地区。重庆地区自 2015 年有序水平呈现下降的趋势，2018 年缓慢提高后再次下降；四川地区有序度水平比较平缓，并呈现缓慢提高的趋势（图 5-3）。

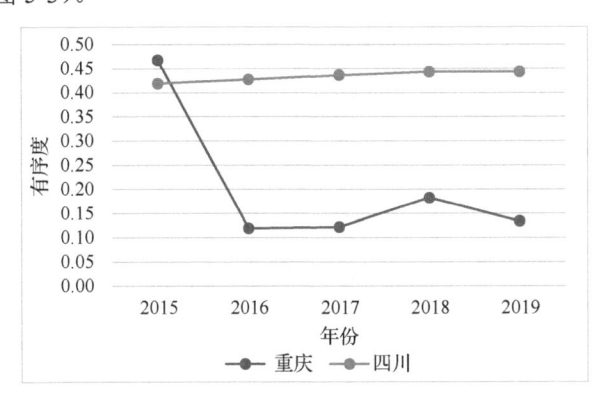

图 5-3　成渝地区双城经济圈体育产业子系统发展趋势

根据重庆和四川的体育产业序参量的结果，各序参量有序度水平较低且不平衡，这影响了子系统的协调发展。虽然 2014 年《国务院关于加快发展体育产业促进体育消费的若干意见》发布后，重庆和四川的体育产业总规模持续增长，对经济贡献不断增强，但产业子系统内部结构不合理，造成成渝地区双城经济圈体育产业重庆子系统和四川子系统的有序度水平不高。重庆子系统有序度出现下滑可能是由于各地区间缺乏统一细致的规划，《国务院关于加快发展体育产业促进体育消费的若干意见》出台后的刺激效应带来了体育产业的无序粗放开发；四川子系统有序水平比较平缓是因为在 2013 年就出台了《四川省体育产业发展规划纲要（2011—2020）》，对体育产业发展目标、重点及区域布局等进行了安排，所以波动较小。

随着2019年后重庆和四川陆续出台《重庆市人民政府办公厅关于建设体育强市的实施意见》《重庆市体育产业发展专项资金管理办法》《四川省人民政府办公厅关于促进全民健身和体育消费推动体育产业高质量发展的实施意见》《四川省体育产业发展总体规划（2019—2023年）》等系列文件，认真谋划重庆与四川体育产业未来发展的重点方向、发展目标、产业布局和配套政策，提出推动体育产业高质量发展的方略与措施，成渝地区体育产业子系统也必将逐渐转向有序发展的轨道。

5.3.3 成渝地区双城经济圈体育产业复合系统协同度

根据体育产业序参量有序度和区域子系统有序度的计算结果，将数据代入计算一致性指标的公式中，得到成渝地区双城经济圈体育产业系统协同度及其发展趋势（表5-11和图5-4）。

表5-11 成渝地区双城经济圈体育产业系统协同度

时间段	协同度
2015—2016年	0.3425
2016—2017年	0.3628
2017—2018年	0.2908
2018—2019年	0.3079
2015—2019年	0.0392

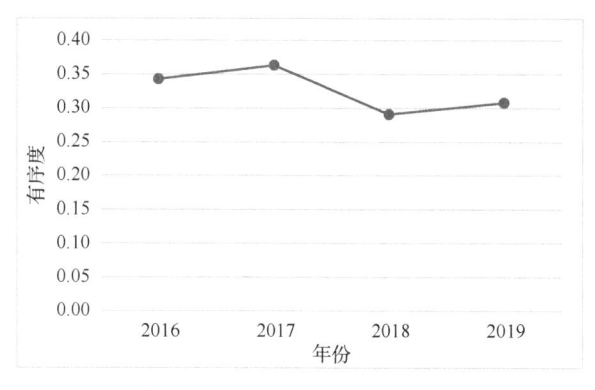

图5-4 成渝地区双城经济圈体育产业系统协同度发展趋势

结合对协同度结果含义的讨论，当协同度值为正时，说明这一时间段体育产业系统是协同演进的，协同度值越大，表明复合系统协同度越高；当协同度值为负时，说明系统处于不稳定或者不协调状态，或者其中一个子区域体育产业协同未沿着有序方向发展。复合系统协同度综合考虑各区域子系统的演变进程，如果只有其中一个子区域体育产业系统的有序度提高，而另一个子系统的有序度下降，说明整个体育产业复合系统呈现不协同或协同度较低的状态。2015—2019年，成渝地区双城经济圈体育产业系统协同度大于0，表明复合系统整体处于协同演进状态。根据协同度值判断系统协同水平的标准等级划分，协同度值介于0～0.3之间为低水平协同。2015—2019年5年的整体协同度仅为0.0392，表明成渝地区双城经济圈体育产业系统协同水平非常低。

从研究时段来看，成渝地区双城经济圈体育产业系统协同度在2016—2017年呈现上升趋势，随后下降又缓慢上升，协同状态不稳定。一是由于子系统的有序度水平较低，且重庆和四川子系统的演进进程存在差距，造成地区体育产业系统协同水平很低；二是由于成渝地区面临产业规模缺乏层次、产业发展同质化、协同创新不足等问题，仍然缺少良好的协调机制和协同发展的相关统筹规划。成渝地区体育产业的高质量发展不仅是增长速度的加快或增长方式的转变，也是体育体制改革和机制转换的过程。

5.4 成渝地区双城经济圈体育产业协同发展的影响因素

根据成渝地区双城经济圈体育产业协同水平的测度结果，现阶段体育产业子系统有序发展和区域系统整体协同水平都不高。为准确提出未来促进成渝地区双城经济圈体育产业高质量的策略方向，有必要进一步讨论影响体育产业协同发展的主要因素。

5.4.1 变量选取与模型建立

国内对于体育产业协同发展影响因素的研究不多，认为政策环境、产业规模、区域经济发展水平、产业发展规模、人力资本及体育消费需求[1][2]等影响区域体育产业的协同发展，而其他影响因素相关研究更侧重关注区域体育产业发展或产业竞争力。产业经济学和区域经济学认为制度、资本、区域差异、人口因素、需求

---

① 叶涛. 体育产业区域协同发展的影响因素分析[C]//2015第十届全国体育科学大会论文摘要汇编（三）. 北京：中国体育科学学会，2015：1565-1566.
② 范靖秋. 区域经济一体化背景下成渝地区体育产业协同发展研究[D]. 太原：山西财经大学，2021.

结构、国际贸易和科学技术等因素影响区域经济的增长。在现实中，成渝地区双城经济圈体育产业协同水平受到的影响因素很多，由于在协同发展评价指标体系中已充分考量投入水平、产出效益、发展潜力、创新能力、体育需求五个方面的作用，为进一步研究分析影响成渝体育产业协同发展的主要因素，借鉴尹涵对长江经济带高新技术产业协同发展影响因素的分析视角[①]，以测算的成渝地区双城经济圈体育产业复合系统协同度作为被解释变量，从政府、市场和区域三个层面选取解释变量，考察其对成渝地区体育产业协同发展的影响。

1. 政府层面因素

2020年，重庆和四川的体育产业增加值占当地生产总值的比重分别是0.90%和1.33%，基本保持上升趋势。体育产业已成为国民经济新的增长点，主要源于国家及成渝两地加快发展体育产业、促进体育消费等一系列政策文件的出台，加大了对体育领域的投入力度，推动体育产业进入发展快车道。成渝地区双城经济圈体育产业协同水平不高，处于使动阶段向自动阶段的转变时期。一方面，成渝两地政府"成都东进"、"重庆西扩"、成德眉资同城化等区域战略部署可以推动区域协调，优化体育产业的空间结构，通过建立体育产业协作机制，提供制度保障和政策支持；另一方面，政府可以通过财政经费的投入，吸引更多社会资本跟进，夯实体育产业的发展基础。但现实中地方保护主义会影响区域体育市场的互动交流，如果政府过度干预，将导致体育市场分割，从而制约成渝地区体育产业的协同发展，特别是在体育产业协同发展的后期，应该提高政府职能与成渝地区体育产业发展的适应性。因此，在政府层面的影响因素选取体育财政投入占GDP比重和区际体育市场开放性代表政府对体育产业协同发展的干预程度。本研究用贸易保护指数[②]间接反映体育产业区际市场开放程度，计算公式为

$$M_{it} = c_{it} / Y_{it}$$

其中，M为贸易保护指数；c为政府体育财政支出；Y为体育产业增加值；i为地区；t为时间。

M越大，表示政府对体育产业发展的干预程度越高，因而地方保护主义也越强。取倒数值：

[①] 尹涵. 长江经济带高新技术产业协同发展测度及影响因素研究[D]. 重庆：重庆大学，2018.
[②] 罗获发. 一体化背景下长三角区域流通业协同发展研究[J]. 商业经济研究，2020（5）：155-158.

$$G_{it} = 1/M_{it}$$

即可得到第 i 地区 t 年的体育产业流通区际体育市场开放性。对于任意时期 t，根据 i 求取平均值，即可得到区域体育产业流通市场的综合开放性指数 G_{it}。G_{it} 的值越高，表示区际体育市场开放性越高。

2. 市场层面因素

市场是要素流动的载体，作为"看不见的手"影响成渝地区体育产业的发展繁荣。由于成渝地区各市州（区县）经济发展水平差异影响了体育产业的发展程度，强大的体育需求有可能形成缩小差距的推力。体育市场只有从需求侧管理和供给侧结构性改革两端发力，才能推动有效市场和有为政府更好结合。新时代人民群众的需求已从生存型需求向发展型需求、生活型需求转化，只有细分的体育市场特别是体育服务产品供给才能满足更加旺盛、多元的体育需求。需求的增加能够促进供给的增长，而体育市场的供给又与当地和周边地区的体育产业分工合作形成的体育产业链有关，因此能推动成渝体育产业的区域合作。区域体育产业比较优势决定了成渝地区体育产业市场格局的形成，是分工合作的重要依据，进而对区域体育产业协同发展产生重要影响。因此，市场层面的影响因素选取体育服务业的区位熵和区域体育产业比较优势作为衡量指标。

区位熵主要通过体育服务业的专业化优势反映成渝地区体育市场的专业化水平。区域比较优势包括区位、劳动力、土地和技术等，通过区域分工影响资源的配置，区域体育产业比较优势通过比较劳动生产率来衡量。根据李琳[①]对比较劳动生产率细化到区域的指标进行变形处理，区域体育产业的比较劳动生产率的计算公式为

$$\mathrm{CLP}_i = \frac{G_i/G}{L_i/L}$$

其中，G_i 为 i 地区的体育产业生产总值；G 为所有地区体育产业生产总值之和；L_i 为 i 地区体育产业就业人数；L 为所有地区体育产业就业人数之和。

劳动生产率越高，表明该区域体育产业就业人员的生产率越高，区域比较优势越大。

---

① 李琳. 区域经济协同发展：动态评估、驱动机制及模式选择[M]. 北京：社会科学文献出版社，2016：35-40.

3. 区域层面因素

根据区域体育产业发展的相关研究，经济基础好、开放程度高、区位优势明显的地区，其体育产业规模大，产业结构和布局更加合理。在对成渝地区双城经济圈体育产业协同发展的区域特征分析中也表明了成都具有绝对领先优势，体育产业发展规模和增量甚至超过了整个重庆的水平，呈现双核独大、中部塌陷、两翼不振的空间结构。由于成渝地区双城经济圈地处我国内陆腹地，对外贸易发展对体育产业的直接作用尚不明显，区域层面的影响主要考虑区域内的体育产业空间联系。以区域的联系程度和引力水平为标准，选取体育产业空间关联和体育产业联系强度作为区域因素，对成渝地区体育产业的协同水平影响进行研究。

体育产业空间关联主要通过引力模型进行分析，根据廉涛对长三角地区体育产业的研究[①]，将引力模型引入体育产业空间结构分析，得出城市间体育产业之间的引力修正模型。相关计算公式为

$$F_{ij} = K_{ij} \frac{\sqrt{V_i S_i} \sqrt{V_j S_j}}{\left(\dfrac{d_{ij}}{g_i - g_j}\right)^2}, \quad K_{ij} = \frac{V_i}{V_i + V_j}$$

其中，F_{ij} 为城市 i 与城市 j 体育产业之间的引力；V_i 和 V_j 分别为城市 i 与城市 j 当年体育产业产值；S_i 和 S_j 分别为城市 i 与城市 j 当年人均体育场地面积；d_{ij} 为城市 i 与城市 j 之间的交通距离；g_i 和 g_j 分别为城市 i 与城市 j 当年人均 GDP；K_{ij} 为城市 i 在城市 i、j 之间体育产业联系中的贡献率。

产业联系是空间联系的重要表现形式，体育产业联系强度主要衡量区域体育产业的联系水平，反映体育产业中心城市对周围地区的辐射能力，以及对辐射能力的接受程度。相关计算公式为

$$R_{ij} = \frac{\sqrt{P_i G_i} \times \sqrt{P_j G_j}}{D_{ij}^2}$$

其中，R_{ij} 为 i、j 地区的体育产业联系强度；P_i、P_j 分别为 i、j 地区的人口数量；G_i、G_j 分别为 i、j 地区的体育产业生产总值；D_{ij} 为 i、j 地区省会城市基于道路网络的最短路径距离。

---

① 廉涛. 长三角体育产业一体化的理论与实证研究[D]. 上海：上海体育学院，2020.

体育产业联系强度越大，表明区域体育产业联系越紧密。

根据上述分析，选取成渝地区双城经济圈体育产业系统协同度为被解释变量，选取同时期政府、市场和区域三个层面影响因素的六个代表性指标为解释变量，构建了成渝地区双城经济圈体育产业协同发展影响因素指标（表5-12）。

表5-12　成渝地区双城经济圈体育产业协同发展影响因素指标

变量属性	影响因素	指标	符号
被解释变量	协同水平	体育产业系统协同度	Y
解释变量	政府因素	区际体育市场开放性	X_1
		体育财政投入占GDP比重	X_2
	市场因素	体育服务业的区位熵	X_3
		体育产业比较优势	X_4
	区域因素	体育产业空间关联	X_5
		体育产业联系强度	X_6

运用单位根检验法、E-G协整检验法，研究区际体育市场开放性、体育财政投入占GDP比重、体育服务业的区位熵、体育产业比较优势、体育产业空间关联、体育产业联系强度对成渝地区双城经济圈体育产业系统协同度的影响。根据上述变量，建立以下多元回归模型：

$$Y = \beta_0 + \beta_1 X_1 + \beta_2 X_2 + \beta_3 X_3 + \beta_4 X_4 + \beta_5 X_5 + \beta_6 X_6 + \mu$$

其中，Y为体育产业系统协同度；β_0为常数项；$\beta_1, \beta_2, \cdots \beta_6$为回归系数；$X_1$为区际体育市场开放性；$X_2$为体育财政投入占GDP比重；$X_3$为体育服务业的区位熵；$X_4$为体育产业比较优势；$X_5$为体育产业空间关联；$X_6$为体育产业联系强度；$\mu$为随机误差项。

5.4.2　数据来源与描述性统计

体育产业数据在《国务院关于加快发展体育产业促进体育消费的若干意见》出台后才逐步完善，成渝地区双城经济圈体育产业系统协同度的测度基于2015—2019年的数据，得到4个年度间的协同度水平结果，因此以2016年为起始基准，整理了2016—2019年的影响因素指标相关数据。体育产业相关数据来自全国、重庆和四川的体育产业总规模与增加值数据公告，体育部门年度决算，以及通过走访体育政府部门所获得，省会城市基于道路网络的最短路径距离为重庆中心城区和成都市高速公路最短距离，GDP 和地区人均 GDP 等数据来自国民经济和社会发展统计公报及重庆与四川统计年鉴。为解决数据有限的问题，变量进行了插值处理，以满足后续分析的需要。各变量的描述性统计见表 5-13。

表 5-13 各变量的描述性统计

变量	Y	X_1	X_2	X_3	X_4	X_5	X_6
Mean	0.323900	57.54278	1.983087	1.718325	0.556480	4.650471	52.01230
Median	0.318502	61.30176	1.951381	1.706298	0.594179	3.753851	53.58170
Maximum	0.362800	68.54386	3.180266	2.592812	0.647755	10.80399	74.20871
Minimum	0.290800	45.08216	1.625169	1.256965	0.336709	1.977952	27.90629
Std. Dev.	0.022568	8.814420	0.338623	0.346225	0.093036	2.444110	16.74474
Skewness	0.289316	−0.450322	1.583106	0.248564	−0.964173	0.941895	−0.116485
Kurtosis	1.657123	1.525200	5.569374	1.990976	2.583976	2.745595	1.492540
Obs	100	100	100	100	100	100	100

5.4.3 实证结果分析

1. 单位根检验法

首先，对各变量进行平稳性检验，以防止伪回归。本研究采用较为常见的 ADF（Augmented Dickey-Fuller，单位根）检验法对各变量的平稳性进行检验，检验结果见表 5-14。

表 5-14 单位根检验结果

变量	ADF 统计量	临界值 1%	临界值 5%	临界值 10%	Prob.	结论
Y	−42.3624	−3.4992	−2.8916	−2.5828	0.0001	平稳
X_1	−18.4858	−3.4992	−2.8916	−2.5828	0.0001	平稳
X_2	−3.6820	−2.5893	−1.9442	−1.6145	0.0003	平稳
X_3	−15.6486	−3.4992	−2.8916	−2.5828	0.0001	平稳
X_4	−13.6439	−3.4992	−2.8916	−2.5828	0.0001	平稳
X_5	−2.3748	−2.5893	−1.9442	−1.6145	0.0177	平稳
X_6	−39.5148	−3.4992	−2.8916	−2.5828	0.0001	平稳

由表 5-14 可知，体育产业系统协同度（Y）、区际体育市场开放性（X_1）、体育财政投入占 GDP 比重（X_2）、体育服务业的区位熵（X_3）、体育产业比较优势（X_4）、体育产业空间关联（X_5）、体育产业联系强度（X_6）的原始序列的 ADF 统计量依次为-42.3624、-18.4858、-3.6820、-15.6486、-13.6439、-2.3748、-39.5148，它们的 Prob.值依次为 0.0001、0.0001、0.0003、0.0001、0.0001、0.0177、0.0001，均小于 0.05，在 5%水平上通过了平稳性检验，说明体育产业系统协同度、区际体育市场开放性、体育财政投入占 GDP 比重、体育服务业的区位熵、体育产业比较优势、体育产业空间关联、体育产业联系强度均为平稳序列，可以进一步进行回归分析。

2. E-G 协整检验法

进行 OLS（Ordinary Least Square，普通最小二乘法）回归，得出回归方程，回归结果见表 5-15。

表 5-15　回归结果

Variable	Coefficient	Std. Error	t-Statistic	Prob.
X_1	0.004252***	2.16E-05	196.6659	0.0000
X_2	0.000986***	0.000165	5.969894	0.0000
X_3	0.153508***	0.001728	88.81506	0.0000
X_4	0.216277***	0.002737	79.01322	0.0000
X_5	0.000113***	2.45E-05	4.614663	0.0000
X_6	0.003946***	4.37E-05	90.21889	0.0000
C	0.019406***	0.005794	3.349302	0.0012
R-squared	0.999633			
Adjusted R-squared	0.999609			
F-statistic	42185.33			
Prob（F-statistic）	0.000000			

***在 1%水平上显著。

其中，模型调整后的 R-squared 为 0.999609，拟合度较高，即区际体育市场开放性、体育财政投入占 GDP 比重、体育服务业的区位熵、体育产业比较优势、体育产业空间关联、体育产业联系强度对成渝地区双城经济圈体育产业系统协同度具有较高解释程度。Prob.（F-statistic）检验显著性为 0，小于 0.05，通过了

F-statistic 检验，说明模型回归结果具有可靠性。

区际体育市场开放性的回归系数为 0.004252，在 1%水平上通过了 T 检验，说明区际体育市场开放性与体育产业系统协同度为正相关关系。区际体育市场开放性每增长一个单位，体育产业系统协同度将增长 0.004252 个单位，即区际体育市场开放性对成渝地区双城经济圈体育产业系统协同度起到正向促进作用。

体育财政投入占 GDP 比重的回归系数为 0.000986，在 1%水平上通过了 T 检验，说明体育财政投入占 GDP 比重与体育产业系统协同度为正相关关系。体育财政投入占 GDP 比重每增长一个单位，体育产业系统协同度将增长 0.000986 个单位，即体育财政投入占 GDP 比重对成渝地区双城经济圈体育产业系统协同度起到正向促进作用。

体育服务业的区位熵的回归系数为 0.153508，在 1%水平上通过了 T 检验，说明体育服务业的区位熵与体育产业系统协同度为正相关关系。体育服务业的区位熵每增长一个单位，体育产业系统协同度也将增长 0.153508 个单位，即体育服务业的区位熵对成渝地区双城经济圈体育产业系统协同度起到正向促进作用。

体育产业比较优势的回归系数为 0.216277，在 1%水平上通过了 T 检验，说明体育产业比较优势与体育产业系统协同度为正相关关系。体育产业比较优势每增长一个单位，体育产业系统协同度也将增长 0.216277 个单位，即体育产业比较优势对成渝地区双城经济圈体育产业系统协同度起到正向促进作用。

体育产业空间关联的回归系数为 0.000113，在 1%水平上通过了 T 检验，说明体育产业空间关联与体育产业系统协同度为正相关关系。体育产业空间关联每增长一个单位，体育产业系统协同度也将增长 0.000113 个单位，即体育产业空间关联指数对成渝地区双城经济圈体育产业系统协同度起到正向促进作用。

体育产业联系强度的回归系数为 0.003946，在 1%水平上通过了 T 检验，说明体育产业联系强度与体育产业系统协同度为正相关关系。体育产业联系强度每增长一个单位，体育产业系统协同度也将增长 0.003946 个单位，即体育产业联系强度对成渝地区双城经济圈体育产业系统协同度起到正向促进作用。

进一步对方程残差进行平稳性检验，由方程残差平稳性检验结果可知，方程残差 ADF 统计量的显著性概率 Pob.为 0.0000（<0.05），通过了平稳性检验（表 5-16），表明方程残差为平稳序列，说明各因素与成渝地区双城经济圈体育产业系统协同度存在协整关系。

表 5-16 残差平稳性检验

变量	ADF 统计量	临界值 1%	临界值 5%	临界值 10%	Prob.	结论
残差序列	−5.8256	−3.4992	−2.8916	−2.5828	0.0000	平稳

3. 结果讨论

政府层面的两个衡量指标与成渝地区双城经济圈体育产业协同水平呈正向相关，即体育财政投入占 GDP 比重越高、区际体育市场开放性越大，体育产业协同度越高。成渝地区双城经济圈体育产业协同发展需要解决不同的发展主体或区域之间发展不平衡的问题，特别在体育自然资源丰富但经济欠发达导致体育产业发展落后的地区，政府的体育财政投入对重点项目和薄弱领域的支持仍然起到重要作用。营造开放的区际体育市场，政府要避免滥用行政权力实施地方保护和市场分割行为，致力于为体育产业发展提供基础设施和公共服务产品。注意谨防地方政府为了追求体育产业效益而干预过多，直接进行资源配置及调控市场运行，进而影响市场在资源配置中的决定性作用。政府层面应该从平衡宏观规划与基层实际、协调地方政府与市场之间的关系等方面入手，通过合理的机制保障和有效的政策措施推进成渝地区双城经济圈体育产业协同发展。

市场因素方面，体育服务业的区位熵和体育产业比较优势与成渝地区双城经济圈体育产业协同水平呈正向相关。发展以健身休闲、竞赛表演、体育旅游等为特色和核心竞争力的体育服务业体系是优化成渝地区体育产业结构的重要途径，推动各地逐步形成规模化、集群化、品牌化的体育企业，能为经济圈体育产业协同提供有力支撑。区域比较优势包括区位、劳动力、土地和技术等，通过区域分工影响资源的配置，成渝地区体育产业协同发展进程中应充分遵循市场经济的运行规律，企业行为自主化、资源配置市场化、宏观调控间接化，以体育科技创新为驱动，从需求侧管理和供给侧结构性改革两端发力，助力体育产业转型升级，实现经济圈体育产业供需结构高水平均衡，显著提升体育产业价值增值能力，通过市场影响成渝地区双城经济圈体育产业的深度合作与交流。

区域因素方面，体育产业空间关联和体育产业联系强度两个衡量指标与成渝地区双城经济圈体育产业协同水平呈正向相关。成渝地区体育产业协同发展涉及资金、技术、人才等因素的跨区域流动，经济圈的体育产业联系将促进产业转移，使地区之间的"二元"结构得以改善，逐步缩小成渝各地的体育产业发展差距。因此，如何突破行政区划造成的行政壁垒，提升体育产业空间关联和联系强度，可在体育产业领域尝试将成渝两地经济区和行政区适度分离。首先，应明确重庆和成都作为成渝地区双城经济圈建设的双核引领，在体育产业协同发展方面的功能定位、推进方向和实施路径；其次，应考量经济圈内各地体育产业发展存在哪些可供选择的协同模式，能够破除区域协同合作的障碍，引导各地共同打造统一开放的人力资源、资本、技术、产权交易等各类要素市场，为成渝地区双城经济圈体育产业的区域协同发展提供实施方略。

小　　结

经测算，重庆体育产业有序度在考察期内没有明显的上升趋势，体育产业有序化演进速度较慢，其中投入水平和发展潜力对重庆体育产业有序发展影响最大，创新驱动的作用尚未显现；四川体育产业有序度在考察期内比较平缓，特别是投入水平、产出效应及创新能力的有序度变化很小，四川体育产业各序参量有序度水平较低且不平衡；重庆子系统和四川子系统的有序度水平较低且不平衡，影响了成渝地区双城经济圈体育产业复合系统的协调发展。2015—2019年，成渝地区双城经济圈体育产业系统协同度为0.0392，表明复合系统整体处于协同演进状态但协同水平非常低。运用单位根检验法、E-G协整检验法，研究政府、市场、区域三个层面对体育产业系统协同度的影响，结果表明体育财政投入占GDP比重、区际体育市场开放性程度、体育服务业的区位熵、体育产业比较优势、体育产业空间关联和体育产业联系强度对成渝地区双城经济圈体育产业系统协同度起到正向促进作用。

6 成渝地区双城经济圈体育产业协同发展优化策略

根据演化阶段分析和协同度实证结果,成渝地区双城经济圈体育产业协同发展水平不高,仍处于初始阶段。本部分将根据影响成渝地区双城经济圈体育产业协同发展的主要因素,从政府、市场和区域三个层面分析促进成渝地区双城经济圈体育产业协同发展的策略,以期形成双核驱动、全域共兴的体育产业协同发展新格局。

6.1 政府:机制保障与政策措施

推动成渝地区双城经济圈建设,从国家层面来看,是党中央着眼"两个大局"、打造带动全国高质量发展重要增长极的战略决策;从成渝地区来看,是深化川渝合作、促进区域优势互补协同共兴的战略举措。因此,体育产业领域亟须在促进协同发展方面发力。对于成渝地区双城经济圈体育产业协同发展的目标,在体育市场自由选择、自愿交换的分散化决策条件下,面临工序分配、市场设计及复合资源配置等现实问题,设计一定的机制使成渝地区的体育经济活动参与者的利益与机制设计者一致,以共同执行和实现这个目标。

机制设计理论认为须将激励约束和资源约束同等对待,一要解决信息的成本问题,二要实现机制的激励作用。根据规制理论[①],政府根据一定的法规对于市场活动所做的限制或制约,在"市场失灵"情况下政府采取措施对市场活动的干预,着重从规制者和被规制企业所面临的信息结构、约束条件及可行工具中研究激励和规制设计问题。有效的政策措施能够避免区域间的恶性竞争,协调政府与市场之间的关系,使政府和市场明确各自的角色与职能。政府层面构建成渝地区双城

---

① POSNER R A. Theories of economic regulation[J]. The bell journal of economics, 1974, 5(2): 335-358.

经济圈体育产业协同发展的保障机制和政策措施是推进体育产业协同发展策略落实的关键环节。提升信息有效性、设计激励相容的机制来实现体育资源的有效配置，既要考虑市场逐利的目的，又要考虑产业可持续发展的目标，平衡宏观规划与基层实际、区域地方政府与市场之间的关系，通过合理的政策措施推进成渝地区双城经济圈体育产业协同发展的实现。

6.1.1 体育产业协同发展的机制保障

为减少信息成本，缩小信息空间维度，解决激励问题，使各主体达到设定的目标，政府应尽快完善成渝地区双城经济圈体育产业协同发展的协调机制、决策机制、调控机制和激励机制。

1. 协调机制

在市场经济背景下，既要充分发挥市场在成渝地区体育产业协同发展机制建设中的主导作用，更要发挥政府在区域协调发展方面的引导作用，特别是面临行政区划分割造成的体育管理体制差异时，成渝地区双城经济圈体育产业协同发展需要具有调控能力的区域战略统筹机构与多维度的组织协商机制。

目前成渝地区已成立体育产业协作领导小组，还应积极推动将体育产业发展融入成渝地区双城经济圈建设的相关规划与政策中。要提升跨区域联合机构的地位，可以成立区域体育产业战略统筹机构、专家咨询委员会。成渝地区各体育部门应让渡部分区域权力，确保协调机构的工作职责与权力。在四川省体育局、重庆市体育局和成都体育学院"一省一市一院"的协作机制下，完善由成渝地区体育部门党政负责人牵头的联席会议机制、由体育产业分管领导牵头的协调会议机制，成立体育产业协同发展联合办公室并下设竞赛表演、大众健身、冰雪运动、山地运动等专项工作组，构建起决策层、协调层、执行层上下贯通的三级运作机制。

构建成渝地区双城经济圈政府、市场、社会多维度的体育产业协同发展组织协商机制，包括纵向协商机制、横向协商机制和市场内部协商机制。纵向协商机制主要涉及国家层面、省级层面和各市区县，一方面从上至下落实成渝地区体育产业协同发展的相关战略部署与决策；另一方面自下而上对协同发展中的具体事项进行协商谈判并逐级上报，形成良好的纵向协商机制。横向协商机制主要指同一行政级别的不同地方体育部门之间及同一地方体育部门与其他部门之间的协商机制，当出现分歧与利益冲突时，由相应的机构进行最终裁决。市场内部协商机制主要依靠市场力量和行业协会自治，进行区域体育产业资源和相关权责的分配。

2. 决策机制

科学决策是解决成渝地区双城经济圈体育产业协同发展的规划制定、协同模式选择、实施策略推进等实际问题的关键一环，只有坚持实事求是，遵循客观规律，依照科学的决策程序，才能确保成渝地区体育事务的各项决策务实管用、切实可行。根据决策主体、决策依据和决策内容，成渝地区双城经济圈体育产业协同发展的决策机制主要涉及以下环节（表6-1）。

表6-1 成渝地区双城经济圈体育产业协同发展的决策机制主要涉及的环节

决策主体		决策依据	决策内容
宏观层面	政府	国家区域体育发展战略部署、成渝地区双城经济圈建设规划等	制定框架性、全面性的体育产业发展规划和合作协议，确定协同发展组织机构与方式
	领导小组	成渝地区双城经济圈体育发展规划、成渝地区双城经济圈体育产业协作协议等	制定体育产业协同战略性目标、主要发展任务和保障措施
中观层面	联合办公室	区域体育协同发展进展、地方体育发展需求等	制定体育产业协同指导性年度计划，确定年度重点协同发展项目与开展活动
微观层面	专项工作组	体育资源配置条件、运动项目发展基础与目标等	制定合理可行的体育产业协同实施方案，包括具体的计划进度、实施路线和关键措施
	企业	市场需求与外部环境、体育企业发展目标等	选择企业协同合作模式，确定资源投入方式和利益分配方式

在深入调研的基础上，准确把握成渝地区体育产业发展规律和双城经济圈建设工作要求，运用科学方法，规范决策程序，邀请公众参与，重视"智库"在决策中的参谋咨询作用，做好成渝地区体育产业协同发展各类框架协议、发展规划、合作项目的可行性研究、合理性分析和风险防控预案，防止措施相互冲突或负面效应叠加，加强决策落实效果的评估反馈，效果不彰的及时进行调整。根据成渝地区体育产业的实际发展变化，不断优化体育产业协作事项清单、工作计划。

3. 调控机制

成渝地区双城经济圈体育产业协同发展的调控机制包含政府调控和市场调控两个方面。在系统协同发展过程中，既通过信息的交换吸收调节协同内部关系，又需要根据环境变化调整与外部的各种关系，促进系统要素间的不断调整。推动成渝地区双城经济圈体育产业有序发展的关键是政府调控和市场调控能够适应自身发展和外部环境变化，这既是政府和市场的自我调控，又是政府与市场关系的调控。

政府调控要求体育部门准确认识自身定位。在成渝地区双城经济圈体育产业协同发展的初始阶段，政府是区域协同的主要推手，通过政策规划、财政投入、行政手段、信息交流等宏观调控引导体育产业和体育市场稳定、健康发展，消除地方保护主义和行业垄断，建立成渝地区统一的体育市场和公平的竞争机制，根据形势变动及时调整政策，创造更加优越的宏观环境，以适应体育产业发展。随着成渝地区体育产业协同发展阶段的变化，逐步将政府的相关职能转介给企业、市场和社会中介组织，推进体育部门简政放权、放管结合、优化服务的自我调控。

市场调控的关键是遵循市场规律，增强体育企业对体育市场需求变化的反应和调整能力，发挥市场作用，推进体育人才、技术、资金、信息等要素资源在成渝区域自由流动，激发体育产业协同发展的内生动力。体育企业和社会组织通过自我管理和调节，保障经济行为都在合理的框架范围内，避免出现违背市场规律和交易道德的经济活动，处理好政府这只"看得见的手"与市场这只"看不见的手"的关系，保障区域体育市场健康、高效、可持续发展。

4. 激励机制

激发成渝地区各地政府推动体育产业协同发展和企业参与的积极性需要稳定和可预期的激励机制。通过合理的利益共享和完善的绩效考核评价，对体育产业协同发展的参与各方进行引导和约束，将局部利益或个体利益深度融入成渝地区双城经济圈体育产业协同发展的整体目标中，做到发展体育产业既为一域争光，更为全局添彩，否则缺乏利益驱动和实施保障的区域合作只能停留在一纸协议上。

利益共享机制有助于激励成渝地区体育部门和企业主动寻求区域合作，通过政策支持、优势互补、强强联合或错位发展提升体育产业规模，享受参与成渝地区体育产业分工带来的经济效益，激发各主体突破行政壁垒、加强区域体育产业联系的内生动力。体育产业具体项目实施跨区域发展或转移存在客观外部性，为避免追求本地利益造成恶性竞争，必须建立跨区域投资、产业转移等重大体育项目利益分享的基本制度。通过区域辐射效应，促进资源共享、人才流动和企业合作，提升区域整体的体育产业技术水平和要素收益，提高公共体育服务水平，让协同发展成效惠及各地群众。

建立科学的绩效考核评价机制，创新跨区域体育经济发展考核办法。将成渝地区体育产业规划执行情况、政策落实情况等协同发展成效纳入地方官员晋升的考核体系中，打破个别官员考核特别关注的政治晋升和政治收益带来的掣肘，明确责任、加强监督、奖罚分明，注重效益和过程评价，推动成渝地区双城经济圈体育产业协同发展整体目标的实现。

6.1.2 体育产业协同发展的政策措施

1. 建立超越地方利益、多方参与的协同机制

成渝地区体育产业协同发展涉及多方利益，需要强有力的机制保障其推进和运行，转变思维，达成协同共识，形成破除去行政区划后的秩序规则及推进共建共享的产业环境。在意识上要开放思维、创新理念，积极借鉴国际和国内体育产业协同发展先进经验，在包容互鉴的体育文化中共商共享，从恶性竞争转变为抱团发展，形成"1+1>2"的协同效应。尽快建立超越地方利益并具有调控能力的成渝地区体育协同发展领导组织和多维协商机制，协调成渝地区体育产业发展涉及的相关部门，推动实行联席会议制度，在已有的合作框架下，共同制定科学合理的成渝地区体育产业协同发展协议和行动计划，充分发挥政府、中介组织、市场的作用，落实具体任务和完成路线。推进成渝各区域横向协调和产业链纵向协调，建立体育产业信息交流平台，培育生产要素自由流动的区域体育产业大市场，实现体育资源的流动与优化配置，发挥市场的决定性作用。

2. 建设"双城驱动、轴带发展、极点支撑"的发展格局

在推动成渝地区双城经济圈体育产业发展过程中，要准确把握区域的空间结构和联系特性。成渝地区双城经济圈是一个"双核型椭圆经济圈"，重庆和成都分别是椭圆的两个焦点，体育产业规模出现双核独大导致中部塌陷且无次级增长极的格局。按照"成都东进""重庆西扩"的整体发展要求，应充分发挥重庆中心城

区和成都的"双城驱动"作用，辐射带动成渝主轴线区域、沿江城市带、毗邻县市的体育产业建设，推动成渝两地体育产业东西相向"轴带发展"，积极培育有条件的市州和重点经济区形成成渝地区体育产业的次级增长极，构建"极点支撑"的空间发展格局。结合成德资眉同城化发展、万达开川渝统筹发展示范区、两江新区、天府新区、东部新区建设，鼓励川渝各区县结合自身特点共建体育产业发展园区，启动一批体育产业协同发展示范项目，实验机制体制改革的创新效果。

3. 构建具有巴蜀特色的体育产业体系

要避免成渝地区体育产业同质化带来的恶性竞争，应积极推动两地体育产业积聚成群，以产业布局和产业结构的整体优化促进功能整体提升，以经济区取代行政区，体现各自优势特色，实现优势互补与融合发展，进行差异化的体育产业布局，特别是非双核城市的分工协作和错位发展，形成上下游联动的体育产业集群，建设具有巴蜀特色的新兴体育产业业态。例如，重庆和成都是两大电竞城市，电竞城市发展指数分列全国第三位和第四位，拥有高水平的选手、俱乐部、赛事和场馆，以及有影响力的游戏研发和运营公司。成渝两地应强强联合，打造富有巴蜀特色的电竞赛事品牌，在全国甚至全球范围内吸纳集聚电竞产业要素资源，通过头部企业和重大赛事协同延长产业链，形成游戏研发、赛事运营、俱乐部、内容制作、赛事传播等上中下游联动的体育产业集群。另外，在成都建设世界赛事名城的基础上，重庆和成都可以联合申办奥运会、世界杯、全运会等重大赛事，成渝其他地区联合举办全国体育赛事或建设有影响力的巴蜀特色区域体育赛事，以具体的体育合作项目促进产业结构优化，推动区域体育产业协同发展。

4. 营造政策梯度保障的产业发展环境

根据路径依赖效应，在成渝地区体育产业发展过程中，各地区初始选择的发展路径与当地当时的产业基础、人文地理条件密切相关，在之后的发展进程中难以在短时间内改变，导致体育产业发展方式被锁定，要转变现有的发展方式必然会造成一定的利益冲突。新经济地理学认为导致区域难以协同发展的核心因素是可流动的生产要素不断从落后地区流向发达地区，区位优势持续强化并造成循环累积[1]。重庆和成都体育产业在成渝地区双核独大，造成体育场馆、优质赛事、高

---

[1] 刘英基. 中国区域经济协同发展的机理、问题及对策分析——基于复杂系统理论的视角[J]. 理论月刊，2012（3）：126-129.

端人才等资源继续高度聚集的虹吸效应，不利于周边市区的协同发展。要解决以上问题需要通过适当的政策梯度，打破地方保护主义造成的市场分割，实现利益共享。根据成渝地区体育产业发展现状，构建发达地区、潜力地区、落后地区差别化的体育产业政策、人力资源政策、金融政策、利益补偿政策等，建立科学的监督评价机制，实现资本、技术、人才和信息等在区域间的合理流动。可以引导重庆中心城区和成都积极发展体育产业的核心运动项目产业，推进体育用品及相关产品制造等向其他符合条件的地区转移；设立成渝地区体育产业协同发展专项资金，采取项目补贴、奖励等方式支持区域品牌赛事举办、基地建设、人才培养等。分地区、分层次转变体育产业发展方式，缩小区域发展差距，实现成渝地区体育产业协同发展。

6.2 市场：供需发力与创新驱动

成渝地区体育产业协同发展进程中应充分遵循市场经济的运行规律，从需求侧管理和供给侧结构性改革两端发力，以体育科技创新为驱动，助力体育产业转型升级，实现经济圈体育产业供需结构高水平均衡，显著提升体育产业价值增值能力，通过更加完善的体育市场体系促进成渝地区双城经济圈体育产业的深度合作与交流。

6.2.1 加大投入、提升效益，优化市场供给

成渝地区双城经济圈体育产业主要通过拓宽融资渠道、培育体育企业、夯实基础设施，不断提高体育产业的投入水平。现阶段政府对体育的财政投入仍然是影响成渝地区体育产业发展的主要因素，但政府过度干预将导致体育市场的分割，影响经济圈体育市场的互动交流。重庆市体育局、重庆市财政局已出台《重庆市体育产业发展专项资金管理办法》，设立重庆体育产业发展专项资金，每年各单位可申请体育产业发展专项资金的扶持；四川省财政厅、四川省体育局已联合印发《四川省体育发展专项资金管理办法》，用于支持体育事业和体育产业发展。以上资金投入仍然是由政府主导的政策支持的。为了激发成渝地区体育资本市场的活力，除政府投入外，还应积极吸引社会的广泛参与。目前为了破解融资难、融资贵这一制约体育企业发展壮大的瓶颈，四川印发《四川省财政厅 四川省体育局关

于开展四川省"体育贷"试点工作的通知》，推出全国首只省级"体育贷"，致力于化解体育企业经营难题，引导合作金融机构放大资金池资金，加大对体育企业的贷款支持力度，这对拓宽成渝地区双城经济圈的体育融资渠道极具借鉴意义。未来各地政府部门应主动作为，在充分调研的基础上，探索适合本地的体育金融政策，建立与投资者的有效沟通机制，强化金融支持，做好配套服务，调动各类资本投资体育产业的积极性，拓宽体育产业发展的融资渠道。

根据长三角体育产业协同发展经验，通过建立长三角体育企业培育库，重点关注库中体育企业的发展，致力于共同打造一批高端体育服务品牌和龙头企业，发挥关键的带动作用，提升产业链整体水平，一起把体育市场"蛋糕"做大。2020年，四川体育企业及相关单位数量有11020个，但其中中小微体育企业占绝大多数，规模以上的体育企业占比不足1%，成渝地区具有全国影响力的体育龙头企业寥寥无几。成渝地区应尽快建立体育企业名录库，在国家级、省（市）级体育产业示范单位、体育产业示范项目评选的基础上，挑选具有发展潜力的企业作为培育对象，结合不同层级的体育企业的特点制定成长路线图，支持重点企业跨区域发展，政府部门做好引导和服务工作，企业进行技术创新，提高市场竞争力，吸纳更多体育行业的从业人员，通过政策引领、企业主导、市场化运作，培育龙头企业、支持中小微企业，全面提升成渝地区体育产业规模和效益，延伸经济圈体育产业上下游产业链。

体育产业的发展壮大，离不开基础设施的改进和完善。2019年，成渝地区人均体育场地面积约为1.68平方米，虽然保持持续增加的态势，但与我国发达地区相比较还存在较大差距。例如，2019年，广东人均体育场地面积达2.55平方米，上海为2.48平方米，与美国（人均16平方米）、日本（人均19平方米）等发达国家相比差距更为巨大。成渝地区的体育场地还存在分布不均的问题，大多数优质的体育场地资源分布在重庆中心城区和成都，城乡差异显著。成渝地区应加强场地设施建设，增加要素供给。一方面，在《国家综合立体交通网规划纲要》出台后，成渝地区将加快推进交通基础设施互联互通，逐步构建起密集的交通网络，推进体育场馆智能化体系建设、推广"川渝体育场馆一卡通"，让区域体育场地设施共建共享成为可能；另一方面，在城市通过既有设施改造与合理利用公园绿地、市政用地等丰富体育产业供地，在农村继续加强政府投入建设乡镇运动场地设施，挖掘学校体育场地设施开放潜力。通过建设城际交通网络、丰富体育场地设施，夯实成渝地区双城经济圈体育产业发展的基础。

通过优化产业结构、促进产业融合、推动提质增效，有序提高成渝地区体育产业的产出效益。从发达国家的体育产业发展经验来看，竞赛表演业和健身休闲业是体育产业的核心内容，成渝地区的体育用品及相关产品制造领域仍然在体育产业统计的11个类别中占比最高，但是体育服务业的总规模整体占比逐年呈上升趋势，且体育服务业增加值的增幅较大，说明体育服务业未来的提升空间和发展潜力很大。为避免粗放式的规模增加和同质化可能带来的恶性竞争，成渝地区应对竞赛表演资源进行整合，以区域性多主体参与的模式共同开展群众体育赛事活动，在成都建设世界赛事名城的基础上，联合申办奥运会、世界杯、全运会等重大赛事，成渝其他地区联合举办全国体育赛事或建设有影响力的巴蜀特色区域体育赛事，以具体的体育合作项目促进产业结构优化。此外，吸引投资者加大对健身休闲业的投资，创造多元化的企业结构和运营模式，打造中、低、高三个层次的健身服务体系，满足不同阶段的消费群体的需求，以结构的整体优化促进功能整体提升。

体育产业融合是体育与其他产业或体育产业内的不同行业在技术融合的基础上相互交叉、相互渗透，逐渐融为一体，形成新的产业属性或新型产业形态的动态发展过程。体育的产业融合类型是由产业间的延伸融合和产业内部的重组融合组成的[①]。成渝地区拥有独具特色的山水民俗资源，可以以运动项目赛事和健身休闲产品为载体，优化和培育体育文化、体育旅游、体育康养等精品项目，通过体育与文化、旅游、健康等不同产业的功能互补和延伸形成更具有竞争力的融合型体育产业新体系。在体育产业资源方面，通过整合成渝地区已有的体育竞赛、体育健身、场馆运营、体育传媒等企业，形成新的产品和服务，提高市场竞争力。例如，在山地户外运动项目方面，可以融合打造川渝直通线路产品，消费者在一个项目中既能体验巴山，又能感受蜀水。体育产业内部通过供应链或产业园将上中下游相关联的产业联系在一起，进行技术、体制和制度创新，实现相关联产业的重组和整合，适应成渝甚至全国市场的新需求，提高体育产业竞争力。

成渝地区体育产业的提质增效应该是减少无效和低端的体育产品供给，增强体育产业供给结构对居民体育需求变化的适应性和灵活性，使经济圈体育产业供给体系更好地适应需求结构的变化。成渝地区体育制造企业可以通过科技改造、品牌营销等手段实现体育用品制造转型升级，借助生态化、数字化、智能化变革

---

① 程林林.体育的产业融合现象探析[J].成都体育学院学报，2005（3）：22-25.

减少低附加值、高能耗的低端产品生产，推动体育用品向高端化、绿色化、智能化、融合化方向发展。在竞赛表演、健身休闲、培训教育等体育服务行业提供丰富有效的供给，利用成渝地区具有的科技创新、运动医学等优势，尽快占领体育科研、健康管理、运动康复指导、体育康养等新兴领域，营造智能体育场景、体育生活方式、体育文化体验等新业态，通过新产品、新市场、新业态实现提质增效。

6.2.2 深挖潜力、多元刺激，扩大消费需求

从全国到成渝地区的体育产业都正处于高速成长期，为了扩大产业规模化的空间，应充分发挥经济圈的体育比较优势，以新兴、时尚的体育和户外运动项目为抓手，发展运动项目产业，更加充分地激发产业发展潜力。积极推动两地体育产业积聚成群，以经济区取代行政区，体现各自优势和特色，实现优势互补与融合发展，特别是非双核城市的分工协作和错位发展，形成上下游联动的成渝体育产业集群。

成渝地区拥有丰富的山水资源和独特的民族民间文化，以共同创建国家体育旅游示范区、全国户外运动首选目的地为契机，建立成渝地区户外运动产品供给和运营的协同机制，整合体育和旅游、森林、农业等部门的渠道优势，培养既懂专业又会运营的户外运动产业人才，在充分考量本地资源和文化特性的基础上，重视消费者越来越注重参与感、体验感等新需求，进行产品的差异化深度开发，丰富成渝地区户外运动项目的运营内容。政府部门牵头进行规划和布局，特别是户外运动产品的功能区在当地旅游空间结构中的定位，避免出现空有体育资源，缺乏交通网络和配套设施，无法长期稳定地吸引体育消费者的情况。

充分利用营销手段，加速成渝地区体育产业发展。相较体育产业发达的美国，国内的体育营销市场增长空间巨大。除了对传统的世界顶级赛事进行赞助和营销活动，成渝地区应将体育文化和巴蜀品牌融入体育产品中，特别是在全媒体时代，网络红人拉动地方经济的案例众多，通过专业化打造国际知名的川渝体育明星，宣传体育赛事、推介运动项目、形成个人商业品牌，开发优秀运动员的商业价值及社会影响力。真实的、健康的和个性化的体育营销形象将有助于提高成渝地区体育的曝光度，赢得国内外消费者的认可，从而增强巴蜀特色体育产品的形象和影响力，从营销渠道激发体育产业的发展潜能。

体育消费是体育产业高质量发展的基石，是国内经济大循环背景下重要消费新增量，也是体育产业融入新发展格局的切入点。当前人民群众对身心健康、生

活品质有了更高质量和更为多元的要求，成渝地区进一步释放体育消费需求既要在需求端发力，又要在供给端发力。根据2020年成渝地区双城经济圈消费指数发布会数据，四川、重庆两地的消费总量在全国占比均有所提升，其中四川的资阳市，重庆的巴南区、渝中区，成为新晋消费总量超过10亿元的城市；在消费增量人群上，16～25岁的年轻女性成为四川消费增量的主力人群，而56岁以上的人群则成为重庆消费增量的核心人群。因此，成渝地区可以针对重点地区和重点人群，创新体育消费宣传引导机制，通过开展下沉式体育服务、发放体育消费券、提供针对性的体育产品等方式促进体育消费。

依托四川成都和重庆荣昌区建设国家体育消费试点城市，推动体育消费产品创新、模式创新和政策创新。目前川渝已联手开展"巴山蜀水·运动川渝"体育旅游休闲消费季活动，重庆、成都、自贡、遂宁等城市分别发放体育消费券，成渝地区双城经济圈正不断推进体育消费改革创新。后续可进一步完善全民健身公共服务体系，建立体育消费激励机制，培育成渝地区群众体育消费观念；加强体育融合发展，培育精品体育项目，提升体育消费内涵；建立智慧体育管理平台，依托体育优势资源，发展体育众创空间，建设体育消费载体；形成体育消费试点城市工作推进、绩效评估、体育消费数据定期发布等机制，培育更多国家级、省市级体育消费试点城市，为促进体育消费探索更多成渝经验。

6.2.3 营造环境、培养人才，激发创新活力

成渝地区双城经济圈要建立具有竞争力的体育产业体系，实现高质量发展，归根到底是创新能力的竞争，但成渝地区体育产业协同系统中创新能力的有序度水平最低，为进一步激发经济圈体育产业创新活力，在打造具有全国影响力的科技创新中心的背景下，可以从技术、人才和制度入手，营造良好的体育产业创新驱动发展环境。体育产业要主动与数字经济、生命健康、新材料等战略性新兴产业、未来产业相结合，增强协同创新发展能力，通过技术更新研发互联网体育产品、运动康复产品、新材料体育器材与装备等新产品，提升科学技术对体育产业增长的贡献率。统筹开展成渝地区双城经济圈体育博览会、体育产业发展论坛、人才智库战略联盟等创新成果交流平台，建设实验室、技术中心、公共技术平台等各类体育技术创新载体，鼓励体育科技成果转化和科技项目交流合作，不断提升体育用品的科技含量和附加价值。

在体育创新人才培育上，一方面，要重视高等院校体育专业人才的培养，推动培养与市场有机衔接、教学与实践有机结合、研发与转化相互促进，积极深化高等教育专业人才与体育产业发展融合；另一方面，可以结合四川大学、重庆大学、电子科技大学等高校院所的高新技术研发能力，联合培养既懂科技又懂体育的复合型体育创新创业人才。支持学校与体育部门共同开展体育训练和竞赛指导，积极研发运动康复技术，鼓励体教和体医结合。建立多方位的体育产业人才激励制度，支持高校、科研院所和企业联合共建产学研体育产业技术协同创新中心，为成渝地区体育产业创新持续提供动力源泉。

体育产业的创新离不开制度的创新，优良的体制机制环境是聚集优质产业要素的前提，有利于成渝地区形成吸引人才、技术、资本的大环境。首先，政府要在体育创新领域主动作为，提供导向明确、适用于体育创新企业的政策体系，可以涉及体育科技创新促进、体育传统产业转型升级、体育知识产权界定与保护、体育高新企业认定管理、税收减免优惠政策等方面，让真正致力于创新的体育企业得到扶持和激励。其次，创新监管模式，降低制度性成本，通过深化"放管服"改革，消除区域间各种潜在壁垒和障碍，建立便捷、共享、高效的体育产业服务平台，弥补体育产业信息基础设施"短板"，促进体育产业链全要素自由流动，以优良的体育市场秩序激励企业加快向上向好发展。最后，应引入更多科技金融创新手段进入体育产业。例如，四川出台的全国首只省级"体育贷"产品，利用金融创新工具解决体育企业融资约束问题，降低交易成本，分散企业创新风险，推动体育企业技术与模式的创新，进而拉动体育消费。制度创新能保障更多体育企业结合市场需求和自身特色，进行技术改造升级，培育成渝地区双城经济圈具有影响力的体育行业龙头企业。

6.3 区域：双核引领与模式选择

成渝地区双城经济圈建设上升为国家区域重大战略，国家层面明确支持成渝地区探索经济区和行政区适度分离。在体育产业发展进程中，应尝试打破行政区划的壁垒，充分调动各类主体参与积极性，探索重庆都市圈、成都都市圈、川渝毗邻地区等区域构建统一开放的区域体育市场体系。通过讨论重庆和成都作为成渝地区双城经济圈体育产业协同发展的双核引领角色作用，分析经济圈内各地体育产业发展可供选择的协同模式,为成渝地区双城经济圈体育产业协同发展提供区域层面的实现路径。

6.3.1 重庆与成都双核引领的角色作用

重庆和成都作为成渝地区综合能级最高、国际竞争力最强的中心城市,在体育产业发展进程中,应突出双核引领作用,通过辐射带动双城经济圈,推动区域体育产业协同发展。但是成渝地区体育产业呈现双核独大导致中部塌陷的问题,特别是成都体育产业总规模占全省 1/2 以上,超过重庆全市水平,中心城市的极化作用大于扩散作用,这与《成渝地区双城经济圈建设规划纲要》中构建双城经济圈发展新格局的要求存在较大差距。由于我国地方政府扮演着初级行为主体的角色作用[①],是成渝地区双城经济圈体育产业协同发展制度建立的决策者和推动人,同时地方政府在政治收益的驱动下,为了将经济增长更多地留在本地,固守管辖区域权益,形成区划型行政壁垒,阻碍了区域协同合作。为了化解这一矛盾,协同发展的策略中有必要讨论双核城市的功能定位、协同推进体育产业的发展方向及实施策略。由于重庆是直辖市,从城市层级来看与省会成都不对等,结合《成渝地区双城经济圈建设规划纲要》中双城经济圈发展新格局提出优化重庆主城和成都功能布局、培育重庆主城和成都现代化都市圈,双核引领主要讨论的是重庆主城和成都引领双城经济圈体育产业协同发展的角色作用。

1. 功能定位

(1)双核联动的样板间。《成渝地区双城经济圈建设规划纲要》中要求强化重庆和成都中心城市的带动作用,引领带动成渝地区统筹协调发展,推动成渝地区形成有实力、有特色的双城经济圈。重庆主城和成都的体育产业具备较好的产业基础,近年来体育产业规模不断扩大,体育产业占 GDP 比重持续增加,其中成都体育产业对经济的贡献远超全国平均水平。但据研究显示,成渝两地的体育产业协同水平不高,这是由于作为城市主体的政府基于自身体育产业发展的利益考虑,更倾向于选择竞争,导致出现体育资源、要素和市场的争夺,这也是目前我国各区域体育产业协同发展存在的共性问题。为此成渝两地政府通过建立体育部门联席会议制度,成立成渝地区体育产业协作领导小组、成渝体育产业联盟,出台《成

---

① 廉涛. 长三角体育产业一体化的理论与实证研究[D]. 上海:上海体育学院,2020.

渝地区双城经济圈体育产业协作协议》等一系列文件，积极发挥宏观层面的引导协调作用，探索体育产业协同发展的体制机制，共同提升极核的体育产业发展能级和竞争力。政府发挥体育产业改革的先导和突破作用，市场发挥体育资源配置中的决定性作用，社会组织承接政府职能，发挥体育行业自我约束、自我管理的作用，引领打造区域体育产业双核联动的高水平样板。

（2）都市圈协同的排头兵。都市圈是城市地域空间形态演化的高级形式，人口、经济等要素高度集聚。2021年11月，四川印发《成都都市圈发展规划》，成都都市圈成为国家层面批复的第三个、中西部首个都市圈规划。重庆也在推进审议《重庆都市圈发展规划》。在都市圈体育产业协同发展进程中，应加强主城新区、中心城区、环都市区等区域的联动发展，根据区域空间结构发展遵循的"点轴网"演进规律，突出围绕重庆主城和成都，培育现代化体育都市圈，构建圈层推进体育产业空间发展格局，带动周边地市和区县加快发展，探索体育领域经济区与行政区适度分离的实施路径。随着都市圈多层次轨道交通的逐步成网，形成轨道交通、高快速路一小时通勤圈，重庆和成都都市圈体育产业协同可以从共建体育场馆基础设施、共享公共体育服务、构建体育产业协作体系、建立体育产业创新驱动和资源平台等方面入手，中心城区发展体育服务、竞赛表演等领域，主城新区发展科技水平含量高的体育产业，环都市区承接中心城区功能疏解和产业外溢。通过重庆的主城九区与璧山、江津、长寿、南川同城化和成德眉资同城化发展，促进重庆、成都都市圈相向而行、增强互动，解决成渝主轴体育产业呈现出的中部塌陷问题，探索都市圈体育产业分工体系、产业布局的实施方案和步骤，强化中心城区的辐射引领，提升次级城市的支撑能力，促进城乡融合发展，做好我国都市圈体育产业协同发展的排头兵。

（3）名城强市建设的示范区。打造赛事名城，就是通过办赛事来经营城市，以赛兴体，以赛兴城。放眼全球，纽约、伦敦、巴黎、巴塞罗那、亚特兰大、东京、首尔、北京、上海、广州等城市以体育为平台开展国际交流，以体育为桥梁走向世界舞台，以体育为纽带传播文化，通过举办国际大型赛事，在城市功能整合、规划布局、城市形象和全民健身等方面均有很大提升，真正地将办赛事和办城市融为一体。根据成渝两地体育发展相关规划，重庆体育的定位是到2035年基本建成体育强市，成都体育的定位是到2025年建成世界赛事名城、到2030年建成世界体育名城、到2035年建成世界生活名城。重庆提出落实全民健身国家战略、夯实竞技体育项目建设、完善现代体育产业体系、加强体育文化宣传推广、深化川渝两地体育合作交流五项任务建设体育强市。成都提出"办赛""营城""兴业""惠民"体育发展理念，分别从赛事体系、全民健身公共服务体系、竞技体育实力、体育产业发展质量、特色文化内涵等方面提出发展目标，落实打造彰显公园城市底色的健身活力之都、建设世界一流的国际赛事之都、建设辐射全球的体育创新资源配置中心、打造时尚魅力的体育消费中心、打造具有国际吸引力的户外运动休闲中心、建设彰显天府文化特质的体育文化交流中心、打造开放协同的成都都市圈体育增长极等任务，推进世界赛事名城建设，赋能城市高质量发展。在体育赛事名城、体育强市建设过程中，成渝两市既积极对标全球著名体育城市，又紧密结合城市体育实际和特色，这些经验和成效可为国内各城市建设提供示范和借鉴。

（4）国际体育消费的目的地。据2021年文化和旅游部公开数据，2021年国庆黄金周期间四川接待游客6782.28万人次，实现旅游综合收入509.04亿元，高居全国榜首，重庆全市A级旅游景区累计接待游客1273万人次，排名全国前列，成都以232.2亿元排名全国重点城市旅游第二名，人均旅游消费1239.26元。四川的体育旅游资源十分强大，成都作为四川省会，交通便利，应担任好驿站和配套的角色，为国际国内体育旅游消费者提供一站式服务；同时积极进行体育消费新场景建设，提供城市公园、工厂文创、户外营地、全民健身、美丽乡村、旅游景区、商业中心、训练基地等体育消费目的地。重庆作为热门网红旅游城市，以"8D魔幻之都"的气质而深得游客喜爱，在打造"全国户外运动首选目的地"的指引下，更加注重体育旅游融合发展，推出了重庆体育旅游地图、体育旅游精品赛事、体育旅游综合体等体育消费项目。作为直辖市的重庆，应进一步做好体育资源的统筹规划，主城区做好城市内部的体验式、参与式体育项目，其他区县结合自然和文化打造有特色、高质量的户外运动项目，吸引不同需求的体育群体，提高体育消费水平。重庆和成都通过国家体育消费试点城市建设，秉持场景营城理念和融合发展路径，打造富有国际盛名的体育旅游精品路线，培育具有巴蜀特色的精品赛事，营造高品质的体育消费空间和环境，成为吸引国内外消费者的国际体育消费目的地。

2. 推进方向

《成渝地区双城经济圈建设规划纲要》中指出，建设具有全国影响力的重要经济中心、科技创新中心、改革开放新高地、高品质生活宜居地，是党中央赋予成渝地区双城经济圈的目标定位。面向新发展阶段、着眼现代化，优化重庆主城和成都功能布局，全面提升发展能级和综合竞争力，引领带动双城经济圈发展。重庆旨在打造国家重要先进制造业中心、西部金融中心、西部国际综合交通枢纽和国际门户枢纽；成都致力于打造区域经济中心、科技中心、世界文化名城和国际门户枢纽。因此，成渝地区双城经济圈实现双核引领的体育产业协同推进方向应紧密围绕"两中心两地"的建设目标和双核城市的功能定位展开。

（1）以建设重要经济中心培育现代体育产业体系。现代体育产业体系的打造既是我国体育产业高质量发展的基本要求，也是国家现代化经济体系建设的重要组成部分，对培育经济发展新动能具有重要意义。成渝双核作为经济圈建设成为具有全国影响力的重要经济中心的引领城市，应该将目光放眼全球，既要努力提高体育经济的整体效益，也要提高参与全球体育资源配置的能力，整合重庆主城和成都在体育健身休闲和体育竞赛表演领域的优势，创新生产方式、服务方式和商业模式，提升重庆、成都体育产业创新发展能力；以建设全国户外运动首选目的地为契机，着力打造先进的水上运动和山地运动装备制造产业，推进体育服务业和制造业的融合发展；以重庆都市圈和成都都市圈建设推动体育全产业链条的完善，吸引更多社会资本投入，进一步提高体育产业对成渝双核经济增长的贡献。

（2）以建设科技创新中心助力体育产业转型升级。目前，西部（重庆）科学城与西部（成都）科学城达成共同助推西部科学城建设战略合作协议，将在共建共享重大科技基础设施、协同开展核心技术联合攻关等方面开展更进一步的合作。体育产业领域应主动融入科技创新中心建设，在四川天府新区、重庆高新区科技基础设施建设中申请体育高端用品制造研发中心、竞技体育科技服务实验室、智慧体育平台等有关项目，协同实施体育科技人才招引与培养，建立体育高层次人才跨区域服务保障机制，推进体育高校院所交流互动，共同申报重大体育科研攻关项目，联合进行国际体育科技交流合作。通过创新驱动促进体育产业融合、优化体育产业结构、提升体育产业供给质量，实现体育产业的转型升级。

（3）以打造内陆改革开放高地推进体育产业国际国内合作。成渝地区地处我国内陆腹地，具有承东启西、连接南北的区位优势，作为"一带一路"、长江经济带、西部陆海新通道联动发展的战略性枢纽，重庆主城和成都双核可以通过川渝自贸试验区协同开放示范区建设，在体育金融产品、国际体育贸易、体育数字经济领域进行改革尝试，建设支持全球资本配置的内陆体育产业开放体系，提高服务国内国际双循环能力，打造高质量的成渝体育产品，优化体育产业出口产品结构，提高体育产业在"一带一路"国家的市场占有率，吸引更多外资投入成渝体育产业建设，扩大体育产业在西部的辐射带动作用，通过长江经济带建设加强与中三角、长三角地区联动，构建全方位改革开放新格局，促进双核城市体育产业迸发新活力。

（4）以打造高品质生活宜居地共享公共体育服务。高品质生活宜居地建设体现着满足人民对美好生活的向往与社会经济可持续发展的双重要求，是吸引人才等各类创新资源和生产要素集聚的重要条件。成都、重庆作为成渝城市群核心城市，对周边城市人口的吸引明显，在体育领域进行高品质生活宜居地打造，要求双核城市做好公共体育服务便利化的示范，加强政府对公共财政的投入和政策保障，吸引多样化的公共体育资助，增加公共体育设施的供给，健全体育社会组织网络，完善社会体育指导员培养和体育志愿服务体系，为成渝双城群众提供健身指导、竞赛活动、体育培训、信息交流等共享服务，在重庆、成都"双核"间交通1小时通达背景下实现两地共享体育资源、共推体育事业发展。

3. 实施路径

为实现双核联动的样板间、都市圈协同的排头兵、名城强市建设的示范区、国际体育消费的目的地的功能定位，沿着"两中心两地"建设的推进方向，分别从政府、市场和社会角度提出体育双城联动"一盘棋"、体育产业协作"一条链"、体育基础设施"一张网"、体育公共服务"一卡通"的实施路径，发挥重庆主城和成都双核引领成渝地区双城经济圈体育产业高质量发展的作用。

（1）共营体育双城联动"一盘棋"。首先，须从顶层设计入手，建立双核城市多层次、常态化合作机制，制定体育产业双城联动发展合作框架，定期举行联席会议，推动体育政府部门交流互派挂职，出台政策落实、基础建设、资金支持、资源供给、配套保障等实施步骤。其次，以体育产业基地为载体建设体育产业集群，搭建体育产业论坛、体育博览会、体育文化展演、体育旅游休闲消费季、体育资源交易中心等协同交流平台，统筹相关部门完善体育产业统计数据发布和分析工作机制，为成渝体育产业动态研判提供科学依据，充分体现双核城市的区位条件、体育产业发展水平、创新驱动力优势，重庆主城与成都双核联动，扩大中心城市的辐射效应，以双核引领促进双圈互动两翼协同，共同下好体育产业高质量发展这盘棋。

（2）共抓体育产业协作"一条链"。统筹双核城市的体育产业链布局，瞄准体育产业链上下游和核心技术精准招商，提升贸易和投资的自由化和便利化水平，吸引产业链龙头企业甚至国际知名企业在重庆主城与成都布局更多体育产业链关键环节和高技术、高附加值的产业活动，加快培育一批"专精特新"本土中小型体育企业。以运动项目为核心、以运营升级为支撑、以空间拓展为突破、以产业创新为根本，协同搭建体育产业协作平台，细化同质优势产业分工，促进优势产业相融相促。发挥体育企业的主体作用，推动组建体育产业各细分领域的企业联盟，牵头举办都市圈体育产业建设企业供需对接大会。打造中心城市体育产业要素市场交易中心，推进劳动力、资本、技术、数据等要素市场化配置，填补体育高端生产服务、体育赛事高水平运营、体育金融服务等短板，不断引领成渝地区体育产业链的优化。

（3）共建体育基础设施"一张网"。在两地相关政府部门主导下，科学谋划、合理布局各类体育场地，特大型场馆能承接国际大型赛事举办，大型体育场馆功能互补，中型体育场馆各具特色，小微型体育场馆灵活多样，通过分时段免费、低收费等灵活的定价方式提高体育设施利用率，探索学校体育场馆、城市"金角银边"的最优利用方式，统一场地设施建设标准。加快推进智慧场馆建设，通过政策扶持和融资方式创新吸引更多社会力量参与建设体育基础设施，织密体育基础设施网，满足群众健身休闲、参加比赛、观看竞赛表演等不同层级的需求。

（4）共推体育公共服务"一卡通"。制定双核城市体育基本公共服务标准，在川渝通办事项实现异地办理、两地一小时通勤和公交轨道"一码"通乘等条件下，两地群众在公共体育服务方面的交往交流更加便捷。建设体育活动服务、公共体育信息咨询、体质健康测试、社会体育组织服务等一体化信息服务平台，利用已有体医融合基础优势，构建运动方式普及、健康促进咨询、运动康复指导等特色体育公共服务体系，共同推出体育公共服务 App 或小程序，两地群众注册电子卡后，实现双城体育信息服务、特色体育公共服务一卡通享，打造"云"上的双城体育生活，不断增强群众的体育获得感和幸福感。

6.3.2 经济圈各地的协同模式选择

国外对于区域协同发展模式的研究对象主要是城市群层面，研究内容侧重于区域管制模式，包括部门型松散管制模式、机构型集中管制模式、大政府型单独管制模式、多政府型统一规划模式，针对区域发展的问题形成专门机构、自组织管理委员会、兼并周边城市的大政府、区域统一与地方自治结合的不同管制模式。

国内区域协同发展要从区域利益、空间布局、产业结构、市场体系等视角展开协同模式的研究，以城市、城乡、城市群、经济带等空间尺度，讨论了梯度蛛网式发展模式、特色产业集群化发展模式、都市圈发展模式、组团模式、联动模式等；在区域产业协同发展方面，提出了产业间分工、产业内分工、产业链分工、产业全面融合[①]等协同发展模式；聚焦到区域体育产业发展，提出了放射型体育产业圈模式、圈-域型模式和层-级型模式[②]。成渝地区双城经济圈体育产业协同发展处于使动阶段向自动阶段的转变时期，重庆主城区、成都与其他市（区）梯级差异显著，因此不同区域的体育产业协同发展模式选择应具有多样性和差异性。目前成渝地区体育产业相关会议、文件纷纷提出推动两地体育产业融合发展，但是对于实现的路径和协同模式没有具体的实施步骤。根据增长极理论、区域比较优势理论和共生理论，结合成渝地区双城经济圈体育产业发展现状，讨论成渝地区中心—腹地模式、"飞地经济"模式和省际毗邻边缘模式的实现途径和策略，为经济圈内不同区域间体育产业协同发展提供模式选择。

1. 中心—腹地模式

增长极理论认为增长极形成与发展过程中会产生极化效应和扩散效应两种效应，极化效应表现为资金、技术、劳动力向极点聚集，扩散效应表现为资金、技术、劳动力向外围转移。中心—腹地模式中的中心城市具有城市规模大、体育产业发展水平高、体育场馆设施较完善、体育市场资本充足、体育消费需求旺盛、技术先进等特点，腹地城市一般是环绕中心城市的体育产业发展较落后的区域，可以提供较丰富的自然资源和劳动力，弥补中心城市的资源匮乏和劳动力不足等问题。中心城市形成后，其辐射和扩散作用可以带动周边大、中型城市发展，再促进周边小城市的兴起。中心城市和周边区域可以通过优势互补提升区域体育产业竞争力。此外，中心城市和腹地城市之间具有较发达的基础设施和便捷的道路交通网络，为地区的专业化分工和协作、生产要素的自由转换等提供保障，提高中心城市的辐射效率。

选择中心—腹地模式的基本条件包括三个方面：一是由中心城市和周边腹地组成；二是区域内城市在体育自然条件、历史发展、产业结构、体育文化等方面

---

① 向晓梅，杨娟. 粤港澳大湾区产业协同发展的机制和模式[J]. 华南师范大学学报（社会科学版），2018（2）：17-20.

② 丛湖平，郑芳，童莹娟，等. 我国体育产业政策研究[J]. 体育科学，2013，33（9）：3-13.

有着密切联系，能够优势互补；三是具备发达的基础设施和网络型交通条件。目前重庆的主城九区与璧山、江津、长寿、南川是同城化发展先行区，四川的成德眉资同城圈可以选择中心—腹地的体育产业协同发展模式。

（1）中心—腹地模式协同发展实施途径。

① 实行一中心、多侧翼的发展模式。实行中心—腹地模式的重庆主城区和成都都是特大型城市，璧山、江津、长寿、南川分别位于重庆主城的西部、东部和南部，德阳、眉山、资阳分别位于成都的北部、南部和东部，以上各市区又分别位于成渝地区双城经济圈的中轴线和南北翼，两地都呈现出特大城市作为区域中心、腹地城市作为多个侧翼的空间分布特点。重庆主城区和成都应该针对体育市场、产业基础等制定相应策略，扩大区域合作，创造多种灵活的合作方式，在同城化发展区域形成一体化发展格局，重点关注竞赛表演、健身休闲、体育高端制造技术研发等领域，将一般的、低层次的加工制造向腹地区域转移。腹地的次级城市利用体育资源的优势互补，在体育产业分工、市场对接、资源共享方面加强与中心城市的合作，以实现同城体育产业利益最大化。

② 建立多层次协调管理机构。由于中心—腹地区域仍然存在行政壁垒，虽然成德眉资和重庆同城化发展先行区都在积极融入双城经济圈建设，通过制定政策和工作交流加强体育同城化发展合作，但地方保护主义仍然存在，政策协调落实较难。建立地方政府、体育部门、体育企业和科研单位多层次协调管理机构，分别负责区域体育产业发展规划和建设，构建体育产业同城化发展的框架和实施细则，甚至对区域体育发展资金具有分配权、体育产业空间协调布局具有审批权和监督权。推进体育产品和服务标准制定，建立体育产业统计和信息发布协调机制。加强体育与旅游、教育、科研等部门的合作与联系，促进体育产业的同城一体化和城市互动发展。

（2）中心—腹地模式协同发展具体策略。

① 延伸体育产业链，促进中心城市与腹地城市的差异化发展。中心城市与腹地城市实行差异化发展能有效避免地区体育产业结构的同质化现象，在成渝地区的中心—腹地模式中，重庆主城区和成都是体育产业体系中的核心城市，体育产业基础较为完备，在产业内部分工和供需关系的基础上整合产业链结构，核心城市着力发展体育产业链的核心环节，腹地城市侧重于发展体育产业链的配套关联环节。以竞赛表演业为例，重庆主城区和成都应重点发展品牌赛事打造、体育赛事运营、体育中介与传媒服务，腹地城市可以承接体育服装器材的生产租赁、体

育场馆建设等相应的配套服务，中心城市举办赛事通过产业链联动腹地城市的各环节形成经济圈效应，带动区域体育产业协同发展。

② 强化城市定位，推进体育产业结构整体结合与分工。中心—腹地地区城市的功能定位可分为三类：一是核心城市为同城化地区的体育资源配置中心；二是次级中心城市为本市的体育资源配置中心，以上两类城市都是综合性城市；三是有专业体育功能或独特体育资源的城市，如体育特色小镇、体育产业示范基地等。在明确各类城市功能定位的基础上，以体育产品、资金联系为纽带，组建大型的体育产业集团，整合各城市的体育产业资源，实现同城化产业资源的优化配置，形成有层次、有梯度、有秩序的体育要素分布格局，进行体育产业结构的整体整合与分工，实现区域体育产业协同发展。

③ 加强平台建设，促进城市之间体育要素流动。阻碍中心—腹地城市之间要素流动的壁垒主要源于本地对体育产业发展的保护，要促进体育领域资金、人才、会展、数据等各类资源汇聚流通，须发挥信息交流、资源交易、社会组织等平台的作用。构建同城化体育信息交流平台、体育产权资源交易平台、体育产业项目库、赛事库、资源库，定期召开体育部门联席会议，以运动项目合作为载体加强区域信息交流，成立同城化体育产业联盟，深化体育企业之间的合作，促进体育要素的自由流动。

2. "飞地经济"模式

"飞地经济"模式是指两个互相独立、经济发展存在落差的行政地区打破原有的行政区划限制，通过跨空间的行政管理和经济开发，实现两地资源互补、经济协调发展的一种区域经济合作模式。区域比较优势理论认为生产禀赋的比较差异优势和外部经济差异造成的资源配置效益差异是使不同区域间资源配置效益存在差异的原因[1]，各区域应该发展具有比较优势的产业以获取比较收益，放弃或转移没有比较优势的产业。成渝地区体育产业"飞地经济"模式就是在区域比较优势理论的指导下，打破原有体制和行政边界的阻隔，实现体育产业和要素的转移，推动体育资源在更大范围的优化配置。经济实力强，技术、资金、管理等方面具有优势的地区为"飞出地"；经济实力较弱，技术、资金、管理等方面不具有优势的地区为"飞入地"，"飞入地"主要承接"飞出地"的体育产业转移，发挥"飞

---

[1] 胡健，董春诗. 比较优势理论研究的最新进展——一个文献述评[J]. 西安财经学院学报，2006（5）：5-9.

出地"的技术和管理优势，利用"飞入地"的成本优势，专注优势产业的发展。"飞地经济"模式的良好运行可为成渝地区体育产业转移提供一个新的平台，从而有力推动区域协同发展。

选择"飞地经济"模式的基本条件包括四个方面：一是空间分离，"飞入地"和"飞出地"在行政上隶属于不同地区，存在空间上的分离性，这样才能突破区域环境的限制，通过更广阔的空间释放能力、创造价值；二是优势互补，"飞地经济"模式的重要条件是合作两地的资源互补，资源分布不均造成体育要素禀赋存在差异，使两地在产业基础、发展潜力、社会环境、政策支持等方面各具优势，通过管理、技术、劳动力、土地等互补，促进两地共生共赢；三是产业关联，"飞地"双方体育产业具有一定的关联性，不脱离原有的特色和优势，"飞出地"主要从事体育产品的研发、设计等环节，"飞入地"则侧重于体育产品的生产、制造环节，对原有产业进行延伸和转移，在区域间形成完整的体育产业链；四是发展时机相随，即"飞出地"有体育产业转移和优势项目延伸的需要，同时，"飞入地"也有承接体育产业转移和发展新的经济增长点的需求。目前在成渝地区双城经济圈体育产业项目关联的空间分离地区可以选择"飞地经济"协同发展模式。例如，成都、雅安以体育产业创新试验区金熊猫体育制造加工园为依托发展体育用品制造产业链，重庆主城与忠县以重庆数字经济（电竞）产业示范园为依托发展电子竞技产业。

（1）"飞地经济"模式协同发展实施途径。

① 因地制宜选择"飞地"类型，实现互利共赢。根据"飞地经济"的国内外实践经验，可以依照运作方式、受益主体、推动力量等划分为不同的"飞地"类型，如帮扶援建、一方主导、产业转移、区位寻优、集约发展等多样化发展类型。成渝地区的体育产业"飞地"须根据"飞出地"和"飞入地"的产业特色、区位条件、发展目标等选择适宜的发展方式，但不论选择哪种"飞地"类型，都是冲破地域局限对产业进行重新布局的过程，考量资金、技术、人才的对接方式，甚至在新空间重构体育产业链网络，最终目标是在资源优势互补的基础上实现互利共赢。

② 制定相关机制，保障发展目标。在成渝地区体育产业"飞地"运行过程中，须制定相应的统筹协作机制、要素整合机制和利益分配机制，协调区域争端，增强协同动力，提升整体效应。"飞地经济"涉及两地的共同开发与管理，可能会面临职能划分不清、权责边界模糊甚至意见不统一等问题，以及产业结构异同、就

业结构差异如何统筹与协调等重要选择。为此，制定相关机制能够明确参与地区的职能和义务，推动互补性要素的双向流动，提升两地积极合作的主观能动性，从而保障发展目标的实现。

③ 完善制度建设，形成联动效应。发展体育产业"飞地经济"须完善相关的政策制度，涉及工作流程、税收、财政、商事等体系，保障企业顺利地生产运营，不断降低产业成本、提高产业效益，实现产业的有序转移。通过"飞出地"和"飞入地"共同制定的生产管理地方性、指导性政策和制度，在协商沟通前提下规范管理，形成政策联动落实，保障成渝地区体育产业"飞地"的有序发展。

(2) "飞地经济"模式协同发展具体策略。

① 准确定位，科学制定发展规划。以成都、雅安发展体育用品制造业为例，成都作为"飞出地"应该致力于产品的技术革新和管理创新，提高产品附加值，置换出空间和资源进行体育产业的优化升级。因为雅安作为"飞入地"拥有相对宽裕的土地资源、充足的劳动力供给和较低的原材料成本，所以"飞地"类型定位为产业转移，将技术、管理等要素与土地、原材料等要素进行置换，实现要素的优化配置。在准确定位后，"飞地"园区的发展理念、基本原则、发展重点、推进节点和政策措施等都应融入成都和雅安的体育产业发展规划，以及区域和国土等相关规划，在宏观上为推进"飞地"建设提供指导，构建区域产业分工格局。

② 理顺管理体制，强化市场化运作方式。在体育产业"飞地"管理过程中涉及两地相关政府职能的交叉，必须明确双方政府的职权和责任范围，确定定期的交流联系制度，确定"飞地"园区的相关事务权能，处理好政府、园区管委会、投资开发公司及园区体育企业之间的关系，理顺相关管理体制。虽然现阶段体育产业"飞地经济"的推动者是政府，但仍应遵循市场在资源配置中的决定性作用，按照市场主导、政企分开的原则，政府做好监督服务工作，减少行政阻碍，赋予市场充分的自主权，体育投资开发公司实行自主经营、自负盈亏，依靠研发、技术、质量和品牌等的竞争促进发展方式的转变。此外，还应积极发挥社会组织的行业自律作用，推动体育产业"飞地经济"健康发展。

③ 完善利益分配与激励机制，激发城市协同活力。建立合理的利益分配与激励机制是确保体育产业"飞地经济"发展的关键因素之一。目前较成熟的做法是秉承"谁投资、谁受益"的原则，依据两地共建时投入的比例分享"飞地"园区的GDP、税收、经营收益等，事先制定收益分配方案和纠纷裁决机制，打破属地原则，将园区发展纳入两地的政府绩效考核范围，创新跨区域体育经济发展考核

办法，保证两个城市合作共赢的实现，引导体育"飞地"带动城市发展，推进体育公共事业同步发展，以体育产业协同带动区域发展，激发城市协同发展的内生动力。例如，在重庆主城与忠县，以重庆数字经济（电竞）产业示范园为依托，发展电子竞技产业。忠县主要打造的是电竞赛事+文旅，但其地理位置较偏、交通不便，赛事大多来自第三方，三峡港湾电竞馆周边配套滞后。要破除这些困境，重庆主城应该投入在电竞产业的上游——电竞赛事研发和运营，打造重庆特有的自主品牌，在忠县举办自主 IP 赛事及经营衍生的周边产品、平台社区甚至主题公园，两地实现收益后再反哺新赛事研发和忠县城市发展，形成体育产业营城理念，实现体育产业成为新的经济增长点的目标。

3. 省际毗邻边缘模式

省际毗邻边缘区域位于两省交界处，一般远离中心城市，作为行政主体边缘区，其繁荣与发展在实现区域协调发展、缩小城乡差距上意义重大。共生理论认为共生不是共生单元的相互排斥，也不是排斥竞争，而是在相互激励中共同合作进化，通过内部结构与功能的创新及重新分工定位[①]，实现共生单元之间的互惠共赢，达到区域经济效益同步提升的目的。成渝地区重庆有 13 个区（县）与四川 6 个市毗邻。据第七次全国人口普查数据，2020 年成渝毗邻地区常住人口占两地比重为 29.6%。推动省际毗邻边缘区体育产业协同发展可为双城经济圈建设提供重要支撑。通过省际毗邻边缘地区体育产业的合作与竞争产生共生能量和新结构，竞争带来体育产业技术和政策制度创新，合作促进体育产业要素流动和信息交流，能有效避免体育资源的恶性争夺和体育产业同构等问题。省际毗邻边缘模式不是以牺牲一个地区的利益来换取另一个地区或整体体育产业效率的提升，而是在某阶段出现相对差异后最终实现毗邻地区体育产业整体规模和竞争力的同步提升，体现共生关系的协同作用和创造活力。

选择省际毗邻边缘模式的基本条件包括四个方面：一是地理相近、地缘相亲，省际毗邻区位于川渝两省市的交界地带，地域相接、山水相连，接受中心城市的辐射较弱，对体育自然资源的改造利用方向基本一致，拥有密切的地缘关系，文化习俗、价值取向相近；二是毗邻区具有一定的体育产业基础，区域内有一个或几个城市的体育产业初具规模，形成基本的体育产业体系；三是体育资源丰富、

---

① 李琳. 区域经济协同发展：动态评估、驱动机制及模式选择[M]. 北京：社会科学文献出版社，2016：152.

交通便利,具备发展体育产业的自然资源和基础设施,便捷的交通网络为要素的流动提供保障;四是毗邻区各地有协同发展的强烈意愿,能打破行政区划的阻隔,协调地区间的利益关系。重庆和四川联合出台了《川渝毗邻地区合作共建区域发展功能平台推进方案》,建设遂潼川渝毗邻地区一体化发展先行区、川渝高竹新区、明月山绿色发展示范带、万达开川渝统筹发展示范区、内荣现代农业高新技术产业示范区、资大文旅融合发展示范区等区域发展功能平台,以上地区均可在体育产业领域实行省际毗邻边缘模式,根据各自优势和特色,探索经济区与行政区适度分离模式。

(1) 省际毗邻边缘模式协同发展的实施途径。

① 发挥地域优势,进行优势互补。目前我国省际毗邻地区主要分为弱弱毗邻、强弱毗邻和强强毗邻三种类型[1],成渝地区的省际毗邻市区由于体育产业发展的基础不同,也大致分为以上三种类型,因此要充分挖掘各地区体育产业的比较优势,弱弱地区进行联合开发,强弱地区进行资源与资金技术互补合作,强强地区进行技术协作和分工联合,将各区域的体育产业基础整合为体育产业链的各环节,甚至以政府强制性的产业指导来抵消市场的诱致性产业同构。发挥地域联合优势,理顺省际毗邻边缘区域内部的体育产业关联维度,通过优势互补、产业分工协作来获取区域体育产业的最大收益。

② 打破行政区划限制,扩大区域市场。省际毗邻边缘各地间地理相接、文化相近、人缘相亲,体育产业间的往来本应密切,但由于行政区块的分割,弱化了省际毗邻边缘地区体育产业的有机联系,甚至在共有的山川、湖泊等体育自然资源丰富地区出现了产业同构和无序开发等问题。省际毗邻边缘地区体育产业协同发展的重点应在于打破行政区划限制,整合资源进行体育产业空间布局的合理规划,形成开发同管、共投共享、政社统一的协同发展理念,破除行政界限的限制,逐步培育体育市场,完善体育产品和物流、服务配套体系,建立降低省际毗邻边缘地区之间的体育经济联系交易费用,通过扩大开放程度促进区域体育产业走出封闭状态,积极发展跨区域的体育行业协会或体育产业联盟,保障区域内体育经济行为的有序发展。

③ 拓展区域公共体育产品,共享区域发展成果。省际毗邻边缘地区远离中心城市,交通较为不便,体育基础设施不完善,应增加对毗邻区域公共体育产品的

---

[1] 蔡云辉. 省际毗邻地区经济发展研究现状[J]. 经济问题探索,2005(6):16-20.

投入，实行体育场地共建、体育资源共享，丰富体育产业载体和群众运动空间，助力发展全民健身，可以促进毗邻边缘地区体育产业合作的有效拉动。随着《成渝地区双城经济圈综合交通运输发展规划》的出台，毗邻地区交通互联互通，一方面提高了体育市场的配置效率，提供了更多的体育产品供群众选择；另一方面便捷的交通也让跨区健身、比赛、运动休闲等成为常事，逐步实现了体育协同发展成果惠及省际毗邻边缘各地区的人民群众。

（2）省际毗邻边缘模式协同发展的具体策略。

① 建立毗邻地区联系制度，统筹区域体育产业发展规划。省际毗邻边缘地区政府、企业和社会组织应建立长期稳定的交流联系制度，成立毗邻地区体育产业协同发展领导小组，定期召开联席会议。加强毗邻区域体育产业协同发展战略谋划，共同协商体育资源开发、产业结构优化、产业布局调整等问题。例如，位于渝东北与川东北地区的万达开川渝统筹发展示范区，万达开三地地理空间相连，同属秦巴山系和长江水系，体育资源丰富，通过签订万达开川渝统筹发展示范区《文化旅游体育一体化发展战略合作协议》，共同构建文化旅游体育合作机制，围绕三峡水系打造冬季横渡长江游泳邀请赛、国际摩托艇公开赛、龙舟邀请赛等品牌赛事，通过融入创建川渝毗邻地区群众体育特色走廊，深化成渝地区双城经济圈省际毗邻边缘区域体育产业的协同合作。

② 联合开发体育资源，共同进行招商引资。省际毗邻边缘地区体育产业发展通常存在资源争夺、产业相似等问题，因此加快探索省际毗邻经济区和行政区的适度分离，可以以项目共建为抓手联合开发体育资源，组建跨区域体育联合开发平台，推进体育企业合作，统筹招商引资政策，打造区域性体育招商引资共同体，建立项目跨区域体育产业一体化管理服务机制，统一布局体育专业市场，以毗邻区整体名义联合推荐各类体育产品。例如，明月山绿色发展示范带作为川渝毗邻地区合作共建区域发展功能平台之一，涉及川渝6个毗邻区县，将携手打造践行"绿水青山就是金山银山"样板地。体育产业作为绿色产业、朝阳产业应积极融入明月山休闲度假旅游品牌建设中，六地应联合发布明月山体育产业的机会清单，共同进行招商引资，依托明月山系得天独厚的自然资源和气候优势，引入资本、人才等打造体育旅游精品线路、区域精品赛事、运动康养等产品。

③ 培育中心城市，推进城乡融合，支撑乡村振兴。双城经济圈省际毗邻边缘地区应该以体育基础较好、有发展前景的城市为依托，培育边界地区的体育产业区域性中心城市，打造有潜力的次级增长极，缩小边缘地区范围，消除体育发展

死角，强化中心城市和重点城镇的极化与扩散作用，通过点—轴—网络逐渐带动区域体育产业发展，把体育特色小镇作为城乡融合的枢纽和服务农村、集聚体育资源的中心，将体育产业培育成为乡村振兴战略的重要支撑。例如，川渝毗邻地区合作共建的内荣现代农业高新技术产业示范区，以实施创新驱动发展战略和乡村振兴战略为引领，集聚各类要素资源，推动农村第一、第二、第三产业融合发展，内江拥有全国首批运动休闲特色小镇——永安镇尚腾新村运动休闲特色小镇，荣昌计划围绕濑溪河体育文化公园建设体育小镇，两地可以整合河畔、田园、山林等资源协同发展体育特色小镇，联合举办体育赛事，加强体育配套设施建设，充分发挥城乡体育、旅游和农副产业融合的潜力，提升体育产业在乡村振兴中的作用，逐步将内江和荣昌打造成为成渝地区双城经济圈发展中轴的体育产业中心城市。

小　　结

为提高成渝地区双城经济圈体育产业协同发展水平，分别从政府、市场和区域层面提出协同发展的策略。政府层面，一是要构建体育产业协同发展的保障机制，包括具有调控能力的区域战略统筹机构与多维度的协调机制、不同决策主体和决策内容的多层次决策机制、政府和市场的自我调控与相互调节的调控机制、合理利益共享和科学绩效考核评价的激励机制四个方面；二是完善体育产业协同发展的政策措施，包括建立超越地方利益、多方参与的协同体制，建设"双城驱动、轴带发展、极点支撑"的发展格局，构建具有巴蜀特色的体育产业体系，营造政策梯度保障的产业发展环境。市场层面，通过加大市场投入、提升产出效益，不断优化市场供给；深挖运动项目产业潜力、利用独特资源和关注重点人群进行多元刺激，进一步扩大消费需求；营造优良的制度环境、培养复合人才，激发体育科技创新活力。区域层面，重庆主城和成都应担任起双核联动样板间、都市圈协同排头兵、名城强市建设示范区、国际体育消费目的地的功能定位，沿着"两中心两地"的建设方向，推动实施体育产业双城联动"一盘棋"、体育产业协作"一条链"、体育基础设施"一张网"、体育公共服务"一卡通"的策略；最后从选择条件、实现途径和具体策略三个方面为经济圈内不同区域间体育产业协同发展提供了中心—腹地模式、"飞地经济"模式和省际毗邻边缘模式三种模式选择。

7 研究结论、局限与展望

前六个部分回顾了成渝地区体育产业的发展历程，分析了成渝地区体育产业的现实基础与主要困境，刻画了成渝地区双城经济圈体育产业协同发展的区域特征与演化阶段，运用数据资料客观地评价了现阶段成渝地区双城经济圈体育产业的协同水平和影响因素，据此提出了成渝地区双城经济圈体育产业协同发展的策略。本部分将总结研究结论，讨论研究局限及未来可能深入研究的领域。

7.1 研究结论

本研究的主要结论如下。

第一，成渝地区体育产业总规模持续增长，对经济贡献不断增强，但整体规模占全国比重较低；重庆提出了"一核两带多基地"体育产业布局，四川提出"一极三带五大发展区"的体育产业布局；成渝地区体育服务业总产值与增加值均高于全国水平，通过计算区位熵表明，体育健身休闲活动和体育场地设施建设在成渝地区具有专业化优势；成渝地区双城经济圈体育产业面临产业规模缺乏层次，产业布局与结构同质化发展，创新驱动能力不足，发展环境有待优化，存在市场、生活和技术的壁垒等主要困境。

第二，成渝地区双城经济圈体育产业协同发展是一个包括多个主体的开放系统，区域范围内的各地区以体育产业高质量发展为目标，秉承互利共赢、共同发展的理念，通过持久的关系和持续的互动，促进区域内体育产业互相协调与优化配置，构建起高效分工、错位发展、有序竞争、相互融合的现代体育产业体系，逐渐形成有序结构的过程。根据成渝地区体育产业的发展基础、主要困境及特殊性，现阶段成渝地区双城经济圈体育产业实行协同发展是必然选择。成渝地区双城经济圈体育产业协同发展的区域特征呈现双核独大、中部塌陷、两翼不振的特点。根据协同发展时空演化阶段理论分析，成渝地区双城经济圈处于使动阶段向自动阶段的转变时期，空间形态表现为双中心、两端化。在政策支持下，通过成渝地区体育产业协作领导小组、成渝体育产业联盟等协调机制，共同推动体育产业项目落地实施。

第三，根据成渝地区双城经济圈体育产业复合系统协同度模型和评价指标体系，经测算，重庆体育产业有序度在考察期内没有明显的上升趋势，体育产业有序化演进速度较慢，其中投入水平和发展潜力对重庆体育产业有序发展影响最大，创新驱动的作用尚未显现；四川体育产业有序度在考察期内比较平缓，特别是投入水平、产出效应及创新能力的有序度变化很小，各序参量有序度水平较低且不平衡；重庆子系统和四川子系统的有序度水平较低且不平衡，影响了成渝地区双城经济圈体育产业复合系统的协调发展，2015—2019年成渝地区双城经济圈体育产业系统协同度为0.0392，表明复合系统整体处于协同演进状态但协同水平非常低。通过研究政府、市场、区域三个层面对体育产业系统协同度的影响，结果表明体育财政投入占GDP比重、区际体育市场开放性程度、体育服务业的区位熵、体育产业比较优势、体育产业空间关联和体育产业联系强度对成渝地区双城经济圈体育产业系统协同度起到正向促进作用。

第四，为提高成渝地区双城经济圈体育产业协同发展水平，分别从政府、市场和区域层面提出协同发展的策略。政府层面，一是要构建体育产业协同发展的保障机制，包括具有调控能力的区域战略统筹机构与多维度的组织协商机制、不同决策主体和决策内容的多层次决策机制、政府和市场的自我调控与相互调节的调控机制、合理利益共享和科学绩效考核评价的激励机制四个方面；二是完善体育产业协同发展的政策措施，包括建立超越地方利益、多方参与的协同体制，建设"双城驱动、轴带发展、极点支撑"的发展格局，构建具有巴蜀特色的体育产业体系，营造政策梯度保障的产业发展环境。市场层面，通过加大市场投入、提升产出效益，不断优化市场供给；深挖运动项目产业潜力、利用独特资源和关注重点人群进行多元刺激，进一步扩大消费需求；营造优良的制度环境、培育复合人才，激发体育科技创新活力。区域层面，重庆主城和成都应担任起双核联动样板间、都市圈协同排头兵、名城强市建设示范区、国际体育消费目的地的功能定位，沿着"两中心两地"的建设方向，推动实施体育产业双城联动"一盘棋"、体育产业协作"一条链"、体育基础设施"一张网"、体育公共服务"一卡通"的策略；最后从选择条件、实现途径和具体策略三个方面为经济圈内不同区域间体育产业协同发展提供了中心—腹地、"飞地经济"和省际毗邻边缘三种模式选择。

7.2 研究局限与未来展望

在经济全球化背景下，区域问题日益凸显，在成渝地区体育产业发展进程中，中部塌陷地区、欠发达地区、缺乏优势地区是协同发展的难点，成渝地区体育产业的稳定和繁荣发展，在一定程度上取决于"问题区域"的解决；在研究对象方面，应更加重视体育产业的微观活动和微观行为，如体育企业的选址、集群中的体育企业行为、体育企业的创新等。因此，在未来的研究中可以关注问题区域和微观主体的体育问题，进行更加细致的讨论。

由于体育产业相关数据体系不健全，特别是成渝地区各市州区县的体育统计数据极其缺乏，无法深入地对同城化发展地区、渝东北川东北一体化地区、川南渝西融合发展地区进行讨论分析。未来可以借鉴长三角地区的经验，尽快建立体育产业信息平台，定期公布体育产业相关数据，运用本研究构建的模型和评价指标进行协同水平的测算和分析，更加全面地了解经济圈各地区体育产业协同发展情况。

本研究在协同度测算的过程中主要采用复合协同度模型，但随着成渝地区双城经济圈体育发展的推进，相关问题必将呈现复杂化和多样化的趋势，后续可以使用多种区域产业协同评价模型组合测算协同发展水平，比较测算结果的差异，更准确地掌握成渝体育产业的发展走向。

参 考 文 献

[1] ALBOUY D. Evaluating the efficiency and equity of federal fiscal equalization[J]. Journal of public economics, 2012, 96(9-10): 824-839.

[2] ESTEBAN F V, BLANCA M. Entropy econometrics for combining regional economic forecasts: A data-weighted prior estimator[J]. Journal of geographical systems, 2017, 19(4): 349-370.

[3] GERKE A, DESBORDES M, DICKSON G. Towards a sport cluster model: The ocean racing cluster in Brittany[J]. European sport management quarterly, 2015, 15(3): 343-363.

[4] JENSEN J A, HEAD D, MONROE O, et al. Investigating sport league sponsor retention: Results from a semi-parametric hazard model[J]. Sport management review, 2020, 25(1): 31-58.

[5] LEE Y H, JANG H, HWANG S H. Market competition and threshold efficiency in the sports industry[J]. Journal of sports economics, 2015, 16(8): 853-870.

[6] H. 哈肯,李应刚,宁存政. 二十世纪八十年代的物理思想[J]. 自然杂志,1984,7（8）：581-583,640.

[7] 包海丽. 我国体育产业发展的评价指标体系与动态分析研究[J]. 广州体育学院学报,2019,39（3）：16-22.

[8] 曹可强. 论长江三角洲地区体育产业的一体化发展[J]. 上海体育学院学报,2006（1）：24-26.

[9] 陈飞. 粤港澳大湾区体育产业区域特征与发展研究[J]. 广州体育学院学报,2020,40（5）：9-11,15.

[10] 陈林会,刘青. 成渝地区双城经济圈体育产业融合发展研究[J]. 经济体制改革,2020（6）：57-63.

[11] 程林林,李秦宇,陈鸥. 我国体育经济"学术流派"的由来与现状解构：兼论中国体育产业的高质量发展[J]. 成都体育学院学报,2019,45（4）：1-7,133.

[12] 丛湖平,郑芳. 我国西部体育产业区域发展的策略选择——以云南体育产业区域发展研究为例[J]. 中国体育科技,2002（3）：8-10,25.

[13] 方春妮. 区域体育产业集群形成机理研究[J]. 湖北体育科技,2012,31（2）：166-168.

[14] 冯锋,汪良兵. 技术创新链视角下我国区域科技创新系统协调发展度研究[J]. 中国科技论坛,2012（3）：36-42.

[15] 郭琎. 新规制经济学的产生、发展与前沿理论综述[J]. 中国物价,2018（5）：27-30.

[16] 黎鹏. 区域经济协同发展及其理论依据与实施途径[J]. 地理与地理信息科学,2005,21

（4）：51-55.

[17] 李国，孙庆祝. 共生共荣：区域体育产业共生发展机制研究[J]. 武汉体育学院学报，2012，46（9）：50-54.

[18] 李国平，王志宝. 中国区域空间结构演化态势研究[J]. 北京大学学报（哲学社会科学版），2013，50（3）：148-157.

[19] 李军基，郑会娟，刘志欣. 京津冀体育产业协同发展研究[J]. 当代体育科技，2018，8（2）：158-159.

[20] 李琳，刘莹. 中国区域经济协同发展的驱动因素——基于哈肯模型的分阶段实证研究[J]. 地理研究，2014，33（9）：1603-1616.

[21] 李艳荣，张长念. 区域协同发展战略下京津冀体育产业一体化发展研究[J]. 广州体育学院学报，2019，39（1）：40-44.

[22] 林黎，陈悦，付彤杰. 基于新发展理念的川渝协同发展水平测度及对策研究[J]. 重庆工商大学学报（社会科学版），2020，37（6）：24-33.

[23] 刘兵，董春华. 体育产业集群形成与区域发展关系研究[J]. 体育科学，2010，30（2）：48-54.

[24] 刘秉镰，边杨，周密，等. 中国区域经济发展70年回顾及未来展望[J]. 中国工业经济，2019（9）：24-41.

[25] 刘英基. 中国区域经济协同发展的机理、问题及对策分析——基于复杂系统理论的视角[J]. 理论月刊，2012（3）：126-129.

[26] 卢金逵，倪刚，熊建萍. 区域体育产业竞争力评价与实证研究[J]. 体育科学，2009，29（6）：28-38.

[27] 马骁. 基于复合系统协同度模型的京津冀区域经济协同度评价[J]. 工业技术经济，2019，38（5）：121-126.

[28] 孟庆松，韩文秀. 复合系统协调度模型研究[J]. 天津大学学报，2000（4）：444-446.

[29] 秦鹏，刘焕. 成渝地区双城经济圈协同发展的理论逻辑与路径探索——基于功能主义理论的视角[J]. 重庆大学学报（社会科学版），2021，27（2）：44-54.

[30] 任保平. 经济增长质量：经济增长理论框架的扩展[J]. 经济学动态，2013（11）：45-51.

[31] 任波. 中国区域体育产业发展外部环境评价模型构建与实证研究[J]. 吉林体育学院学报，2018，34（3）：1-7.

[32] 宋昱. 我国体育产业高质量发展的组织创新与布局优化研究[J]. 成都体育学院学报，2019，45（4）：15-22，127.

[33] 孙久文，姚鹏. 京津冀产业空间转移、地区专业化与协同发展——基于新经济地理学的分析框架[J]. 南开学报（哲学社会科学版），2015（1）：81-89.

[34] 谭建湘. 体育产业：区域发展新的经济增长点[J]. 天津体育学院学报，2002，17（3）：37-39.

[35] 童莹娟，丛湖平. 我国东部地区体育产业发展的社会经济"外环境"区位比较优势及发展

方式的选择[J]. 中国体育科技, 2002, 38（11）: 4-6, 10.

[36] 徐开娟, 黄海燕. 长三角地区体育产业发展态势、经验与建议[J]. 中国体育科技, 2019, 55（7）: 45-55.

[37] 肖婧莹, 周良君. 粤港澳大湾区体育产业协同发展: 困境与出路[J]. 中国体育科技, 2019, 55（12）: 5-11.

[38] 赵文韬, 赵桂彩. 复合系统协同度模型应用综述[J]. 价值工程, 2019, 38（2）: 191-193.

[39] 张玲玲, 程林林. 打造支柱性体育产业助力体育强国建设的思考[J]. 成都体育学院学报, 2019, 45（6）: 24-26, 32.

[40] 钟华梅, 王兆红. 长三角区域体育产业分工与合作研究[J]. 中国体育科技, 2021, 57（3）: 80-86.

[41] 周良君, 肖婧莹, 陈小英, 等. 粤港澳大湾区体育产业协同发展研究[J]. 体育学刊, 2019, 26（2）: 51-56.

[42] 李亚慰. 区域体育经济产业布局与结构研究——以长江三角洲地区为例[D]. 苏州: 苏州大学, 2014.

[43] 廉涛. 长三角体育产业一体化的理论与实证研究[D]. 上海: 上海体育学院, 2020.

[44] 刘莹. 区域经济协同发展: 中国区域经济增长新路径[D]. 长沙: 湖南大学, 2018.

[45] 李琳. 区域经济协同发展: 动态评估、驱动机制及模式选择[M]. 北京: 社会科学文献出版社, 2016.

附录 相关研究成果

成渝地区双城经济圈体育产业协同发展基础、困境与路径[①]

摘要：文章就成渝地区双城经济圈体育产业协同发展的内涵，成渝地区体育产业的产业规模、产业布局和产业结构等协同发展基础进行讨论与分析，揭示了协同发展面临产业规模缺乏层次、产业发展同质化、协同发展机制缺位和协同创新不足等困境，建议基于"双城驱动、轴带发展、极点支撑"的体育产业空间发展格局，构建优势互补、具有巴蜀特色的体育产业体系，建立超越地方利益的协同机制，培育成渝地区体育产业创新动力源泉，制定政策梯度保障体育产业协同发展等路径，以进一步提高体育产业在成渝地区双城经济圈建设过程中的贡献。

关键词：成渝地区双城经济圈；体育产业；协同发展；自组织理论

党的十八大以来，党中央提出了京津冀协同发展、长江经济带发展、共建"一带一路"、粤港澳大湾区建设、长三角一体化发展等区域发展战略，随之《中共中央 国务院关于建立更加有效的区域协调发展新机制的意见》等一系列文件陆续出台。2020年1月，中央财经委员会第六次会议提出推动成渝地区双城经济圈建设，在西部形成高质量发展的重要增长极，有助于畅通国内循环、融入国际循环，实现"一带一路"和长江经济带的融会贯通、互动发展，推动形成陆海内外联动、东西双向互济的开放新态势。

2020年4月，重庆市体育局与四川省体育局共同签署《川渝地区体育公共服务融合发展框架协议》，川渝两地就国家体育旅游示范区、体育公共服务、体育赛事活动、体育设施、体育人才队伍五个方面的内容达成共识。随后《推动成渝双城经济圈建设体彩协同发展战略协议》《成渝地区棋牌项目融合发展的战略合作协议》《成渝两地体育舞蹈战略合作协议》等成渝地区体育协同发展协议签署。四川

[①] 陈鸥. 成渝地区双城经济圈体育产业协同发展基础、困境与路径[J].成都体育学院学报，2022，48（5）：90-96.

省各地级市和重庆市各区县体育部门积极融入双城圈建设,开展交流互访、考察学习。重庆市组织召开成渝地区双城经济圈部分毗邻区县体育局局长座谈会,对体育系统落实成渝地区双城经济圈战略进行安排部署。"双城记"首届成渝职业围棋擂台赛、川渝双城田径对抗赛等区域赛事陆续拉开帷幕。紧随着成渝地区双城经济圈重大战略部署的出台,成渝地区在体育领域的工作交流与融合发展开始快速推进,协同发展意愿已非常明确。目前关于成渝地区体育产业的研究十分缺乏,通过 CNKI 检索篇名包含"成渝"和"体育产业"的期刊仅 4 篇(截至 2020 年 12 月),其中 3 篇发表时间都在 5 年之前。在成渝地区双城经济圈建设这一新的历史背景下,亟须对近年成渝地区体育产业协同发展的现实基础和主要困境进行梳理,讨论协同发展的路径。

1 区域体育产业协同发展的理论基础与实践经验

自组织理论中的耗散结构理论认为一个非平衡的开放系统通过与外界不断地交换物质和能量,当某参量变化达到一定阈值时,系统就可能从原来的无序状态形成新的有序结构[1]。协同学理论认为复杂系统的子系统有两种运动趋势,一种是内部自发的无序运动,另一种是系统之间的关联引起的有序运动,即协同运动,推动系统自发走向有序[2]。根据以上理论得知,区域体育产业的协同发展应该在各自依托资源禀赋的区域比较优势基础上,建立一个开放系统,加强区域体育产业之间的联系,系统要素间相互作用,实现一定程度地跨区域要素流动,使各个地区充分参与到区域的体育产业分工中来,同时这种参与又将反作用于各地区的比较优势,从而产生协同效应,体育产业系统由无序转变为有序、由低级有序走向高级有序,最终实现区域共赢。

我国各区域体育产业正积极探索、实施协同发展,产业规模持续增长[3],产业质量不断提升[4],产业实现转型升级[5],在合作机制、体育产业基地布局、赛事协同发展、体育场馆协同运营等方面稳步推进[6],体育产业在应对经济增长下行风险、推动区域经济平衡发展方面发挥着积极作用。但任何区域都面临地理位置、自然禀赋的差异;而地方政府官员考核选拔机制特别关注"政治晋升和政治收益"[7],表现出强烈的增长竞争冲动,在短期利益的驱动下,为了将经济增长更多地留在本地,继而获得"脱颖而出"的政治收益不惜以邻为壑。经济活动的逐利性决定它不受空间界限的桎梏,需要广阔的空间范围来克服资源的稀缺,进行要素的流动,通过市场进行资源的优化配置。这反映出区域利益冲突的客观必然性和区域矛盾化解的可能性。如何突破利益固化藩篱,推动区域内体育产业纵向和横向联系,形成功能互补、分工合理的区域体育产业格局,这也产生了协同发展的需求。

2 成渝地区双城经济圈体育产业协同发展的内涵

中共中央、国务院印发的《成渝地区双城经济圈建设规划纲要》中明确了成渝地区双城经济圈规划范围,包括重庆市的中心城区及万州、涪陵、綦江、大足、黔江、长寿、江津、合川、永川、南川、璧山、铜梁、潼南、荣昌、梁平、丰都、垫江、忠县等 27 个区(县)以及开州、云阳的部分地区,四川省的成都、自贡、泸州、德阳、绵阳(除平武县、北川县)、遂宁、内江、乐山、南充、眉山、宜宾、广安、达州(除万源市)、雅安(除天全县、宝兴县)、资阳等 15 个市,总面积 18.5 万 km^2。在新的发展战略下,成渝地区双城经济圈建设是突出重庆、成都两个极核的增长极作用,并带动整个重庆和四川乃至西部地区的发展。结合成渝地区体育产业实际,同时考量现有体育产业统计数据资料的可获得性,本文将成渝地区双城经济圈体育产业的研究范围界定为重庆市全域 38 个区县和四川省全域 21 个地级城市。

协同学理论认为系统通过内部协同作用,可形成一定的有序结构或某种有组织性的功能[8]。协同是所有形式的组织共事以达成各种目标[9],协同包括两个或多个成员,每个成员都是主角,他们之间存在持久的关系和持续的互动,能提供资源,并对协同成果分担责任[10]。产业协同是一个相互联系的开放系统,需要丰富的要素配给和环境支持[11]。

区域体育产业的协同是一个包括多个主体的开放系统,通过要素的相互补给、高效整合和优化配置,达到互利共赢、共同发展体育产业的目标,应该包含体育产业系统与外部系统的有效协同、区域内不同地域间体育产业的有效协同、体育产业内各子系统的有效协同。本研究重点关注成渝地区双城经济圈区域内不同地域间体育产业的协同发展。成渝地区双城经济圈包含多个地区和体育组织,为实现体育产业高质量发展目标,需要基于合作共赢理念,按照优势互补原则,结合产业分工要求和资源环境要素,协调各行政区组成的区域,通过协同发展,形成目标同向,促进区域内体育产业的相互补给、高效整合和优化配置。

3 成渝地区双城经济圈体育产业协同发展的现实基础

3.1 成渝地区体育产业规模

成渝地区双城经济圈建设是在成都、重庆两个增长极的带动下推动四川和重庆的发展，在对成渝地区双城经济圈体育产业的讨论中也应该体现成都、重庆的极核作用。为深入了解成渝地区体育产业现状，结合数据的可得性，将分别对重庆市、四川省、成都市和四川省不含成都的其他地区总体情况进行分析[①]。

成渝地区体育产业总规模持续增长。2018年重庆市体育产业总规模（总产出）为423.99亿元，四川省体育产业总规模（总产出）为1163.86亿元，其中成都市为632.16亿元，其他地区为531.7亿元，重庆市、四川省、成都市和四川省不含成都的其他地区增幅分别为16.90%、15.38%、13.27%和17.99%，其中四川省不含成都的其他地区增速最快。但与全国相较，2018年成渝地区体育产业总规模增幅低于全国增长20.89%的水平。从纵向来看，2015—2018年成渝地区体育产业总规模增幅高于全国平均15.9%的水平，重庆市平均增幅为17.28%，成都市平均增幅为17.33%，特别在2017年成都市体育产业总规模增幅达23.65%，也正是由于前3年增幅较大，所以在2018年成都市体育产业增速出现放缓。

成渝地区体育产业对经济贡献增强。2018年重庆市和四川省体育产业增加值占当地生产总值的比重分别是0.91%和1.02%，较2017年保持上升趋势，但从比重和增幅上仍然低于全国水平。值得关注的是四川省成都市体育产业占GDP比重达到1.41%，远超全国平均水平，积极向国内外体育产业发达城市水平靠拢，充分发挥了四川省体育产业发展的"头雁引领"作用。根据《体育强国建设纲要》要求，到2035年体育产业将成为国民经济支柱性产业，即体育产业增加值占GDP的5%及以上[12]，而目前成渝地区离这一目标还有较大距离，未来的提升空间巨大。

成渝地区体育产业占全国比重较低。2018年全国体育产业总规模为26579亿元，成渝地区体育产业总规模为1587.85亿元，两地仅占全国的5.97%，远低于长三角地区占全国比重的32.43%，2017年成渝地区体育产业总规模为1371.31亿元，

---

① 数据根据《全国体育产业总规模与增加值数据公告》《重庆市体育产业总规模及增加值数据公告》《四川省体育产业统计公告》《四川体育年鉴》《四川省国民经济和社会发展统计公报》《成都市体育产业专项统计调查报告》等资料整理。

也仅占全国的 6.24%，表明成渝地区体育产业总规模占全国比重较低，与我国体育产业发展较好区域相比还存在较大差距。

3.2 成渝地区体育产业布局

产业布局与地区所处的自然资源、地理位置、经济基础和社会文化等有关。成渝地区地处我国内陆腹地，具有得天独厚的气候、自然风景和悠久的历史文化资源，是联结欧洲和东南亚市场的陆上经济走廊，具有广阔的开放空间、独特的山川河流资源和较强的增长潜力。据成渝地区体育相关规划和政策，重庆市提出了"一核两带多基地"体育产业布局，四川省于 2020 年在原"一极两带三区多园"的布局上优化提出"一极三带五大发展区"的体育产业布局（表 1）。成渝两地体育产业布局呈现层级发展的特点，分别以重庆市主城区和成都市作为核心增长极，带动其他市（区）发展，通过跨市（区）产业带、发展区建设，打造具有区域特色的产业聚集。

表 1 成渝地区体育产业布局

Table 1 The sports industry layout in Chengdu-Chongqing region

省（市）	产业布局	具体内容
重庆市	一核两带多基地	**一核**：打造都市体育产业核心区，重点发展健身休闲、赛事表演、中介培训、文化传媒、商务流通等体育服务业 **两带**：在渝东北生态涵养发展区建设水上运动娱乐服务带，在渝东南生态保护发展区打造户外运动和民俗体育休闲旅游服务带。 **多基地**：体育装备制造基地、运动保健医药制造基地、体育运动训练基地、体育文化创意基地
四川省	一极三带五大发展区	**核心增长极**：以成渝地区双城经济圈建设为契机，培育区域体育产业重点城市。充分发挥成都"头雁引领"作用，引领带动全省体育本体产业发展 **三大运动产业带**：依托横断山脉东缘山系和大巴山脉四川段建设绿色生态山地运动产业带，依托长江水系以及大型湖泊建设蓝色水上运动产业带，依托冰雪资源建设白色冰雪运动产业带 **五大发展区**：环成都体育产业发展区、川南体育产业发展区、川东北体育产业发展区、攀西体育产业发展区和川西北生态体育产业发展区

来源：据《重庆市人民政府关于加快发展体育产业促进体育消费的实施意见》《重庆市体育产业发展规划（2016—2025 年）》《四川省人民政府办公厅关于促进全民健身和体育消费推动体育产业高质量发展的实施意见》整理。

由于重庆市的相关政策出台于 2016 年前，对区域协同发展的考虑还不充分，而四川省契合"一干多支、五区协同"的区域发展格局对省内的体育产业布局协同发展进行了谋划，但在成渝地区双城经济圈建设过程中如何对两地整体性体育产业布局进行整合和优化，目前还没有统一明确的规划，需要重庆市和四川省尽快建立协同机制、共谋发展。

3.3 成渝地区体育产业结构

产业结构是衡量体育产业发展水平的标准之一，目前我国体育产业统计将内部结构分为了体育服务业、体育用品及相关产品制造和体育场地设施建设三大板块，分别体现体育服务业、体育制造业和体育建筑业的发展状况。现阶段，我国体育产业结构失衡问题主要体现在体育用品及相关产品制造产业规模最大，与发达国家体育服务业比重高存在较大差距[13]。2018 年全国产值最大的仍是体育用品及相关产品制造，但其比重下降到 49.7%，体育服务业比重上升至 47.9%。成渝地区体育产业结构优于全国水平，重庆市体育服务业总产值占 69.92%，四川省为 69.85%（表 2）。

表 2 2018 年全国和成渝地区体育产业产值结构

Table 2 The output value structure of China and Chengdu-Chongqing region's sports industry in 2018

体育产业行业类别	全国（亿元）	重庆（亿元）	四川（亿元）
体育管理活动	747	6.78	27.4
体育竞赛表演活动	292	12.44	21.32
体育健身休闲活动	1028	69.09	77.88
体育场地和设施管理	2632	15.4	90.2
体育经纪与代理、广告与会展、表演与设计服务	317	13.96	5
体育教育与培训	1722	10.81	44.45
体育传媒与信息服务	500	15.61	26.95
体育用品及相关产品销售、出租与贸易代理	4116	132.43	442.9
其他体育服务	1377	19.95	76.89
体育用品及相关产品制造	13201	102.19	298.03
体育场地设施建设	646	25.34	52.33
体育产业	26579	423.99	1163.86

来源：据《2018 年全国体育产业总规模和增加值数据公告》《2018 年重庆市体育产业规模及增加值数据的公告》《四川省 2018 年体育产业统计公告》整理。

2018年全国体育产业增加值中体育服务业为6530亿元、体育制造业为3399亿元、体育建筑业为150亿元，其中服务业所占比重达到64.8%。成渝地区体育服务业增加值高于全国水平，占体育产业的三分之二以上，其中重庆市为75.76%，四川省为72.94%，成为体育产业增加值中最重要的组成部分，表明成渝地区在相关政策的刺激下，体育市场不断发育，体育产业结构更加优化，逐步向发达国家水平靠拢。

在产业结构研究中，可运用区位商（又称区位熵）指标分析区域主导专业化部门的状况。区位商（Location Quotient）是评价区域优势产业基本的分析方法，又称专门化率，可以衡量某一区域要素的空间分布情况，反映某一产业部门的优劣势[14]，在实际应用中可以选择产业总产值、产业增加值、产业从业人员、企业数量[15]等进行计算。为了进一步分析成渝地区体育产业专业化优势，本研究通过计算区位商找出本区域在全国具有一定地位的体育优势产业。目前，区域体育产业研究中主要采用了产业总产值[16]、产业从业人员[17]进行计算，能较好地反映该区域体育专业化水平高低，故本文未做修订，借鉴以上方法，区位商的计算公式定义为

$$L_{ij} = (Q_{ij} / Q_i) / (Q_j / Q)$$

其中，L_{ij} 即为区位商，Q_{ij} 表示 i 地区第 j 个体育产业的产值，Q_i 表示 i 地区的体育产业总产值，Q_j 表示全国第 j 个体育产业的产值，Q 表示全国所有体育产业的总产值。当 $L_{ij}>1$ 时，表示 i 地区第 j 个体育产业具有专业化优势，反之表示不具备优势。

经测算，重庆市具有专业化优势的产业依次是体育健身休闲活动、体育经纪与代理、广告与会展、表演与设计服务、体育竞赛表演活动、体育场地设施建设、体育传媒与信息服务和体育用品及相关产品制造，四川省具有专业化优势的产业依次是体育场地设施建设、体育健身休闲活动、体育竞赛表演活动、体育用品及相关产品制造、其他体育服务和体育传媒与信息服务（表3）。

表3 2018年成渝地区体育产业区位商

Table 3　The location quotient of Chengdu-Chongqing region's sports industry in 2018

体育产业行业类别	重庆	四川
体育管理活动	0.57	0.84
体育竞赛表演活动	2.67	1.67

续表

体育产业行业类别	重庆	四川
体育健身休闲活动	4.21	1.73
体育场地和设施管理	0.37	0.78
体育经纪与代理、广告与会展、表演与设计服务	2.76	0.36
体育教育与培训	0.39	0.59
体育传媒与信息服务	1.96	1.23
体育用品及相关产品销售、出租与贸易代理	0.63	0.77
其他体育服务	0.91	1.28
体育用品及相关产品制造	1.56	1.65
体育场地设施建设	2.46	1.85

来源：区位商根据《2018年全国体育产业总规模和增加值数据公告》《2018年重庆市体育产业规模及增加值数据的公告》《四川省2018年体育产业统计公告》中体育产业产值数据计算。

整体来看，体育健身休闲活动和体育竞赛表演活动在成渝地区都具有一定优势，且重庆市的比较优势更加明显，在未来发展中应继续关注健身休闲、竞赛表演等核心产业，进一步扩大优势。

3.4 成渝地区体育产业的外部环境

自2020年1月，成渝地区双城经济圈建设上升为国家区域重大战略，至2021年1月，川渝两省市共同批准设立第一个新区——川渝高竹新区，一年间成渝地区的合作发展发生了诸多新变化。成渝地区体育产业协同是一个开放系统，政府政策、经济基础、社会发展等密切影响着体育产业协同发展的推进。

在政府层面，川渝党政部门多次召开推动成渝地区双城经济圈建设重庆四川党政联席会议，出台一系列政策文件，设立川渝高竹新区、遂潼川渝毗邻地区一体化发展先行区，推出首批成渝地区双城经济圈产业合作示范园区，川渝两省市将以新区和合作园区等为载体，探索经济区与行政区适度分离改革。在经济区内体育产业将有望跳出行政区由于追逐利益最大化而造成的无序竞争，进行资源的自由流动与要素的优化配置。

相较长三角、京津冀、粤港澳大湾区，成渝地区经济水平基础相对较弱，但前景可期。成渝地区2020年GDP总量为7.35万亿元，占全国比重7.26%，但其GDP增速高于全国水平，其中重庆市和成都市作为成渝地区的首位城市，2020年

GDP 排名分别位列全国第 4 位和第 6 位，成为我国西部高质量发展的重要增长极，这为体育产业的发展提供了强大动力和坚实基础。

随着《成渝地区双城经济圈便捷生活行动方案》公布，以"川渝一盘棋"思维和一体化发展理念，两地在户口迁移、就业社保、教育文化等六个方面实施便捷行动；成渝两地高速公路提升至 13 条，高铁动车开行成渝城际 1 小时直达列车，重庆和成都两市公交、轨道"一码"通乘，川渝交通更加便捷、群众生活更加便利。成渝地区双城经济圈进行"放管服"改革合作，进一步激发市场活力和社会创造力。以上将为成渝地区体育产业互联互通、协同发展提供更大的空间，体育企业有更好的营商环境，体育产业从业人员有更多的就业渠道，群众参与体育运动有更多选择。

4 成渝地区双城经济圈体育产业的主要困境

4.1 体育产业规模双核独大、缺乏层次

目前，成渝地区体育产业整体规模仍然较小，其中重庆市和成都市双核独大，四川其他地区体育产业总值呈现断崖式差距，次级增长极支撑力不强，体育产业层级梯度不合理，双城的辐射功能不明显。成都市通过积极建设世界赛事名城，不断优化环境，加快体育产业发展，2018 年成都市体育产业总规模为 632.16 亿元，占到全省的 54.32%，而四川省经济实力靠前的绵阳、宜宾、德阳、南充等城市都还未成长为体育产业的重要支撑，重庆市和成都市对成渝双城发展主轴中的资阳、遂宁、内江、永川、涪陵等市（区）的辐射带动作用亦未显现，成渝地区尚未形成中心城市与腹地或周边城市的"极化—扩散"效应。

4.2 体育产业布局与结构发展同质化

成渝地区双城经济圈体育产业布局和产业结构调整主要来自政府部门的产业规划，结合了区域体育产业的发展基础和自然资源的特色，但出现主导产业选择相似、发展方向雷同等问题。重庆市和四川省都提出了建设水上运动产业带和依托山地特色的户外运动产业带的产业布局；产业结构方面，成渝两地具有专业化优势的领域集中在健身休闲活动、体育竞赛表演、体育用品及相关产品制造和

体育传媒与信息服务四个方面。体育产业布局不合理、结构同质化可能带来成渝区域各地的恶性竞争，导致生产要素流动不畅，无法形成具有竞争力的体育产业集群。

4.3 体育产业区域协同发展机制缺位

重庆市体育局与四川省体育局已签署《成渝地区双城经济圈体育产业协作协议》等文件，走出了政府牵头搭台合作的步伐，但成渝地区体育产业关于区域战略统筹、市场一体化发展、区域合作互助等稳固长效的协同发展机制还未建立，政府、中介组织、市场"三元"主体作用还未充分发挥。政府层面主动发挥引导作用，尽快成立区域协调领导小组、建立联席会议制度、出台协同发展行动计划，通过顶层设计推动两地体育产业协同发展政策、规划、制度等有序实施。目前成渝地区以双城经济圈建设为指导的体育产业中介组织数量还很少，种类不齐全，且多带有"官方色彩"，管理体制不健全，其自律、服务、调节等功能仍有待提升。体育市场在成渝地区体育资源配置方面的决定性作用还未充分发挥。

4.4 体育产业协同创新不足

创新是实现成渝地区双城经济圈体育产业高质量发展的必由之路，通过创新驱动体育服务方式变革、实现体育企业技术升级，对于构建现代化的成渝体育产业体系具有重要意义。区域协同创新是指区域内各地区的科研机构、科研人员和科研项目协同合作，打造区域科技创新平台，实现各地区联动发展[18]。高等院校、科研院所是成渝地区体育产业协同创新的重要载体，成渝地区拥有40余所体育人才培养高校、2个体育科学研究所，它们在体育产业领域联合开展课题研究、专业技术培训、人才流动、成果转化等方面的合作交流还未取得突出成果，两地政府相关部门和企业在协同创新平台建设、体育产业创新项目孵化、资本投入等方面尚无显著成效。

4.5 体育产业协同环境有待优化

当前，成渝地区体育产业协同发展的外部系统拥有一定基础，政府出台相关政策支持、经济发展未来可期、川渝两地生活更便捷。但成渝经济圈协同发展中也出现了中央高度重视，省市政府部门极力推动，但基层的社会、企业和个人并不那么积极的情况[19]。虽然成渝两地历史同脉、文化同源,但是由于多年来的行政区划阻隔,必然有一些竞争博弈,也存在市场、生活的壁垒,不可能在短期内实现一体化,这影响着体育产业协同发展的进程。

5 成渝地区双城经济圈体育产业协同发展路径

5.1 建设"双城驱动、轴带发展、极点支撑"的空间发展格局,提升体育产业规模层次

在推动成渝地区双城经济圈体育产业发展过程中,要准确把握区域的空间结构和联系特性。近年成渝地区体育产业规模虽然持续保持增长态势,但从区域内各地发展特征来看,呈现重庆和成都"双核独大"的空间形态,导致"中部塌陷"且无次级增长极的格局,按照"成都东进、重庆西扩"的整体发展要求,应充分发挥重庆市中心城区和成都市的"双城驱动"作用,辐射带动成渝主轴线区域、沿江城市带、毗邻县市的体育产业建设,推动成渝两地体育产业东西相向"轴带发展",积极培育有条件的市州和重点经济区形成成渝地区体育产业的次级增长极,构建"极点支撑"的空间发展格局。结合成德资眉同城化发展、万达开川渝统筹发展示范区、两江新区、天府新区、东部新区建设,鼓励川渝各区县结合各自特点共建体育产业发展园区,启动一批体育产业协同发展示范项目,实验机制体制改革创新效果。

5.2 构建优势互补、具有巴蜀特色的体育产业体系

要避免成渝地区体育产业同质化带来的恶性竞争,应积极推动两地体育产业积聚成群,以产业布局和产业结构的整体优化促进功能整体提升,以经济区取代行政区,体现各自优势特色,实现优势互补与融合发展,进行差异化的体育产业布局,特别是非双核城市的发展定位,通过分工协作形成上下游联动的体育产业集群,建设具有巴蜀特色的体育产业体系。例如重庆和成都是两大电竞城市,电竞城市发展指数分列全国第三和第四,拥有高水平的选手、俱乐部、赛事和场馆,以及有影响力的游戏研发和运营公司。成渝两地应强强联合,打造富有巴蜀特色的电竞赛事品牌,在全国甚至全球范围内吸纳集聚电竞产业要素资源,通过头部

企业和重大赛事协同延长产业链，形成游戏研发、赛事运营、俱乐部、内容制作、赛事传播等上中下游联动的体育产业集群。

5.3 超越地方利益，建立川渝政府牵头、中介组织参与、体育市场主导的协同机制

成渝地区体育产业协同发展涉及多方利益，需要强有力的机制保障其推进和运行，转变思维达成协同共识，形成破除去行政区划后的秩序规则以及推进共建共享的产业环境。在意识上要开放思维、创新理念，积极借鉴国际和国内体育产业协同发展先进经验，尽快建立超越地方利益并具有调控能力的成渝地区体育协同发展领导组织和多维协商机制，协调成渝地区体育产业发展涉及的相关部门，推动实行联席会议制度，在已有合作框架下，共同制定科学合理的成渝地区体育产业协同发展协议和行动计划，充分发挥政府、中介组织、市场的作用，落实具体任务和完成路线。推进成渝各区域横向协调和产业链纵向协调，建立体育产业信息交流平台，培育生产要素自由流动的区域体育产业大市场，实现体育资源的流动与优化配置，发挥市场的决定性作用。

5.4 培育成渝地区体育产业创新动力源泉，提高体育产业发展质量

成渝地区要建立具有竞争力的体育产业体系，实现高质量发展，归根到底是创新能力的竞争。在建设具有全国影响力的科技创新中心背景下，体育产业应主动与数字经济、生命健康、新材料等战略性新兴产业、未来产业相结合，增强协同创新发展能力，研发互联网体育产品、运动康复产品、新材料体育器材与装备等新产品、新业态，提升科学技术对体育产业增长的贡献率。统筹开展成渝地区双城经济圈体育博览会、体育产业发展论坛、人才智库战略联盟等创新成果交流平台。在体育创新人才培育上，不仅要重视高等院校体育专业人才的培养，还可以结合四川大学、重庆大学、电子科技大学等高校院所的高新技术研发能力，联合培养既懂科技又懂体育的复合型体育创新创业人才；建立多方位体育产业人才激励制度，支持高校、科研院所和企业联合共建产学研体育产业技术协同创新中心，为成渝地区体育产业创新持续提供动力源泉。

5.5 优化体育产业发展环境，通过政策梯度保障协同发展

根据路径依赖效应，成渝地区体育产业发展过程中各地区初始选择的发展路径与当地当时的产业基础、人文地理较适应，在之后的发展进程中难以在短时间内改变，导致体育产业发展方式被锁定，要转变现有的发展方式必然会造成一定的利益冲突。新经济地理学认为导致区域难以协同发展的核心因素是可流动的生产要素不断从落后地区流向发达地区，区位优势持续强化并造成循环累积[20]。重庆市和成都市体育产业在成渝地区"双核独大"，造成体育场馆、优质赛事、高端人才等资源继续高度聚集的虹吸效应，不利于周边市区的协同发展。要解决以上问题需要通过适当的政策梯度，打破地方保护主义造成的市场分割，分地区分层次转变发展方式，营造良好的体育产业发展环境，保障成渝地区体育产业的协同发展。根据成渝地区体育产业发展现状，构建发达地区、潜力地区、落后地区差别化的体育产业政策、人力资源政策、金融政策、利益补偿政策等，建立科学的监督评价机制，实现资本、技术、人才和信息等在区域间合理流动。可以引导重庆市中心城区和成都市积极发展体育产业的核心运动项目产业，推进体育用品及相关产品制造等向其他符合条件的地区转移；设立成渝地区体育产业协同发展专项资金，采取项目补贴、奖励等方式支持区域品牌赛事举办、基地建设、人才培养等。

6 结　　语

区域体育产业高速增长转向高质量发展，不仅是增长方式的转变，也是区域体育体制改革和机制转换的过程。根据成渝地区体育产业现有基础和发展阶段，要在西部形成体育产业高质量发展的重要增长极，需进一步加强成渝地区双城经济圈体育产业的协同发展。由于成渝地区各市州区县的体育统计数据极其缺乏，本研究无法深入地对同城化发展地区、渝东北川东北一体化地区、川南渝西融合发展地区等进行讨论，进而分析中部塌陷地区、欠发达地区、缺乏优势地区不同的协同发展路径；其次对于体育产业的微观活动和微观行为，例如体育企业的选址、集群中的体育企业行为、体育企业的创新等问题的关注应更加重视和深入。

因此，未来可以关注问题区域和微观主体的研究，进行更加细致的讨论并提出建议，不断提高成渝地区体育产业协同发展水平，最终实现在成渝地区双城经济圈建设过程中贡献体育产业的力量。

参 考 文 献

[1] NICOLIS G, PRIGOGINE I. Self-organization in nonequilibrium systems, from dissipative structures to order through fluctuations [M]. New York: Wiley, 1977: 60.

[2] 刘莹. 基于哈肯模型的我国区域经济协同发展驱动机制研究[D]. 长沙：湖南大学，2014：13-16.

[3] 李军基，郑会娟，刘志欣. 京津冀体育产业协同发展研究[J]. 当代体育科技，2018，8（2）：158-159.

[4] 徐开娟，黄海燕. 长三角地区体育产业发展态势、经验与建议[J]. 中国体育科技，2019，55（7）：45-55.

[5] 李艳荣，张长念. 区域协同发展战略下京津冀体育产业一体化发展研究[J]. 广州体育学院学报，2019，39（1）：40-44.

[6] 钟华梅，王兆红. 京津冀体育产业协同发展策略研究[J]. 哈尔滨体育学院学报，2019，37（5）：43-49.

[7] 周黎安. 晋升博弈中政府官员的激励与合作——兼论我国地方保护主义和重复建设问题长期存在的原因[J]. 经济研究，2004（6）：33-40.

[8] 王贵友. 从混沌到有序——协同学简介[M]. 武汉：湖北人民出版社，1987：7.

[9] JOE F D, KOZOLL C E. Collaborative program planning: principles, practices, and strategies [M]. Melbourne: Krieger Publishing Co.. 1999: 1-2.

[10] PETERS B G. Managing horizontal government: The politics of coordination [M]. Ottawa: Canadian Centre for Management Development, 1998: 2.

[11] 魏丽华. 京津冀产业协同发展问题研究[D]. 北京：中共中央党校，2018：31.

[12] 张玲玲，程林林. 打造支柱性体育产业助力体育强国建设的思考[J]. 成都体育学院学报，2019，45（6）：24-26，32.

[13] 陈林会. 我国体育产业高质量发展的结构升级与政策保障研究[J]. 成都体育学院学报，2019，45（4）：8-14，127.

[14] 刘洋，张泽民. 珠三角工业各行业比较优势分析[J]. 商场现代化，2010（17）：103-104.

[15] 宗刚，胡利红. 基于区位熵理论的北京第三产业发展研究[J]. 中国市场，2010（13）：47-49.

[16] 唐炜. 京津冀区域体育产业结构优化配置：基于产业同构的实证研究[J]. 天津体育学院学报，2018，33（2）：164-169.

[17] 肖婧莹，周良君. 粤港澳大湾区体育产业协同发展：困境与出路[J]. 中国体育科技，2019，55（12）：5-11.

[18] 王志宝，孙铁山，李国平. 区域协同创新研究进展与展望[J]. 软科学，2013，27（1）：1-4，9.

[19] 秦鹏，刘焕. 成渝地区双城经济圈协同发展的理论逻辑与路径探索——基于功能主义理论的视角[J]. 重庆大学学报（社会科学版），2021，27（2）：44-54.

[20] 刘英基. 中国区域经济协同发展的机理、问题及对策分析——基于复杂系统理论的视角[J]. 理论月刊，2012（3）：126-129.

成渝地区双城经济圈体育产业协同发展模式与实现路径研究[①]

摘要：

研究目的： 2021年10月20日中共中央、国务院印发《成渝地区双城经济圈建设规划纲要》，明确提出以更好满足人民群众美好生活需要为目标，扩大民生保障覆盖面，提升公共服务质量和水平，不断增强人民群众获得感、幸福感、安全感；要共享教育文化体育资源，共同推进体育事业发展。但现阶段成渝地区双城经济圈体育产业缺乏统一规划，存在区域间发展不平衡、产业深层次协作不足、产业政策存在地域壁垒、生产要素流通不畅、体育市场发育不足等问题。如何突破利益固化藩篱，推动区域内体育产业空间结构、产业结构优化，加强体育产业纵向和横向联系，形成功能互补、分工合理的区域产业网络化发展格局，成渝地区双城经济圈体育产业组织内部生存发展产生协同的需求。研究基于增长极理论、区域比较优势理论和共生理论，结合成渝地区双城经济圈体育产业协同发展的现实基础与区域特征，提出区域体育产业协同发展的模式，论述其选择条件与实施途径，为经济圈内不同区域间体育产业协同发展提供选择。

研究方法： 文献资料法、数理统计法、逻辑分析法。

研究结果： 1）成渝地区双城经济圈体育产业协同发展的区域特征。根据成渝各地的体育产业发展规模等数据资料，近年成渝地区体育产业规模虽然持续保持增长态势，但从区域内各地发展特征来看，主要呈现双核独大、中部塌陷、两翼不振的特点。成渝地区双城经济圈体育产业协同发展过程中重庆市主城区、成都市与其他市（区）梯级差异显著，虽然成渝地区体育产业的发展是一个非均衡的过程，具有较好体育资源、制度环境和创新能力的重庆和成都发展水平较高，四川其他地区体育产业总值呈现断崖式差距，作为成渝地区体育产业的增长极，理应通过极化和扩散作用来带动成渝地区体育产业的增长，现阶段成渝地区亟需培育两地发展主轴及南北两翼地区的次级增长极，逐渐形成由点到轴、由轴到面的演变过程。2）成渝地区双城经济圈体育产业协同发展模式。针对成渝地区双城经济圈体育产业协同发展的现实基础和区域特征，提出中心—腹地模式、"飞地"模

[①] 陈鸥，鲜一. 成渝地区双城经济圈体育产业协同发展模式与实现路径研究[C]//中国体育科学学会.第十三届全国体育科学大会论文摘要集——专题报告（体育产业分会）.成都：西华大学体育学院，四川大学体育学院，2023：2.

式和省际毗邻边缘模式，为经济圈内不同区域间体育产业协同发展提供模式选择。选择中心—腹地模式的基本条件包括三方面：一是由中心城市和周边腹地组成；二是区域内城市在体育自然条件、历史发展、产业结构、体育文化等方面有着密切联系，能够优势互补；三是具备发达的基础设施和网络型交通条件。目前重庆的主城九区与璧山、江津、长寿、南川是同城化发展先行区，四川的成德眉资同城圈可以选择中心—腹地的体育产业协同发展模式。选择"飞地"模式的基本条件包括四个方面。一是空间分离；二是优势互补；三是产业关联；四是发展时机相随。目前在成渝地区双城经济圈体育产业项目关联的空间分离地区可以选择"飞地"协同发展模式，比如成都、雅安以体育产业创新试验区金熊猫体育制造加工园为依托发展体育用品制造产业链，重庆主城与忠县以重庆数字经济（电竞）产业示范园为依托发展电子竞技产业。选择省际毗邻边缘模式的基本条件包括四个方面：一是地理相近、地缘相亲，文化习俗、价值取向相近；二是毗邻区具有一定的体育产业基础；三是体育资源丰富、交通便利；四是毗邻区各地有协同发展的强烈意愿。目前，重庆市和四川省联合出台《川渝毗邻地区合作共建区域发展功能平台推进方案》，建设遂潼川渝毗邻地区一体化发展先行区、川渝高竹新区、明月山绿色发展示范带、万达开川渝统筹发展示范区、内荣现代农业高新技术产业示范区、资大文旅融合发展示范区等区域发展功能平台，以上地区均可在体育产业领域实行省际毗邻边缘模式，根据各自优势和特色，探索经济区与行政区适度分离。

研究结论：1）中心—腹地模式协同发展的实现路径。实行一中心多侧翼的发展模式，中心区域重点关注竞赛表演、健身休闲、体育高端制造技术研发等领域，将一般的、低层次的加工制造向腹地区域转移。建立地方政府、体育部门、体育企业和科研单位多层次协调管理机构，分别负责区域体育产业发展规划和建设，构建体育产业同城化发展的框架和实施细则。2）"飞地"模式协同发展的实现路径。因地制宜选择"飞地"类型，实现互利共赢，如帮扶援建、一方主导、产业转移、区位寻优、集约发展等多样化发展类型。制定相关机制，保障发展目标。完善制度建设，形成联动效应。3）省际毗邻边缘模式协同发展的实现路径。发挥地域优势，进行优势互补；打破行政区划限制，扩大区域市场；拓展区域公共体育产品，共享区域发展成果。

关键词： 成渝地区双城经济圈；体育产业；协同发展模式；增长极理论